STEPHEN COTTRELL / STEVEN CROFT

ALS CHRIST LEBEN

STEPHEN COTTRELL / STEVEN CROFT

ALS CHRIST LEBEN

ANLEITUNG FÜR EINE LEBENSLANGE REISE

AUS DEM ENGLISCHEN
VON CHRISTIANE VORLÄNDER

neukirchener
aussaat

MIX
Papier aus verantwortungsvollen Quellen
FSC® C006701

Dieses Buch wurde auf FSC®-zertifiziertem Papier gedruckt. FSC (Forest Stewardship Council®) ist eine nichtstaatliche, gemeinnützige Organisation, die sich für eine ökologische und sozialverantwortliche Nutzung der Wälder unserer Erde einsetzt.

Bibliografische Information der Deutschen Nationalbibliothek
Die Deutsche Nationalbibliothek verzeichnet diese Publikation in der Deutschen Nationalbibliografie; detaillierte bibliografische Daten sind im Internet über http://dnb.d-nb.de abrufbar.

Umschlaggestaltung: Johannes Schermuly, Wuppertal
Lektorat: Nicole Zwanzig
DTP: Breklumer Print-Service, Breklum
Verwendete Schriften: Frutiger, Sabon
Gesamtherstellung: CPI – Ebner & Spiegel, Ulm
Printed in Germany
ISBN 978-3-7615-6012-9 Print
ISBN 978-3-7615-6013-6 E-Book

www.neukirchener-verlage.de

INHALTSVERZEICHNIS

Zur Verwendung dieses Buches

„Als Christ leben: Anleitung für eine lebenslange Reise“ soll Ihnen als Begleiter dienen auf Ihrem Weg als Christ. Wir haben es vor allem für Menschen geschrieben, die gerade erst gelernt haben, was es heißt, Christ zu sein, die frisch getauft oder konfirmiert sind oder als Erwachsene gerade Ja zum Glauben gesagt haben. Es ist hoffentlich auch für diejenigen ein hilfreicher Begleiter, die bereits länger als Christen unterwegs sind.

Wir möchten Ihnen mit diesem Buch etwas an die Hand geben, das Ihnen auf der nächsten Wegstrecke hilft und Sie weiterbringt.

Jedes der kurzen Kapitel beginnt mit einer Einleitung in das jeweilige Thema und bietet dann eine Auswahl von dazu passenden Texten und Gebeten.

Es bleibt Ihnen überlassen, in welcher Reihenfolge Sie sich mit den einzelnen Themen beschäftigen. Wir beginnen das Buch mit einem Kapitel zum Thema Taufe, das die Worte aus der Taufliturgie ins Zentrum stellt (1), und einem weiteren über den lebenslang andauernden Prozess der Veränderung durch Gott (2). Es folgen vier Kapitel, die wir den „inneren Weg“ genannt haben. Sie beschäftigen sich mit den Themen Gebet (3), Bibel (4), Abendmahl (5) und mit der Kirche, zu der wir gehören (6). In den nächsten vier Kapiteln geht es um das, was wir hier den „äußeren Weg“ nennen möchten: die Suche nach dem Reich Gottes (7), Glauben leben im Alltag (8), Gott dienen (9) und christliches Zeugnis (10). Im vorletzten Kapitel finden Sie Hilfe für schwierige Zeiten (11) und das letzte schließlich beschäftigt sich mit der Hoffnung, die wir als Christen haben (12).

Wir beide hatten das Privileg, zu verschiedenen Zeiten und an verschiedenen Orten Menschen am Anfang ihres Weges als Christen begleiten zu dürfen. Dieses Buch ist auch Frucht dieser Erfahrungen.

Möge Gott Sie auf dieser großartigen Reise mit seiner Gnade begleiten.

Stephen Cottrell und Steven Croft

Vorwort des Erzbischofs von York

Wenn wir über unsere Beziehungen zu den Menschen um uns herum nachdenken, stellen wir fest, dass sie sich, besonders wenn es sich um Menschen handelt, die uns sehr nahestehen, mit der Zeit verändern. Das dringende Bedürfnis, ausführlich über alles und jedes zu sprechen, kann mit der Zeit unbemerkt einer tieferen Art von Kommunikation weichen, die weniger Worte braucht, weil man sich auch ohne Worte versteht.

In unserer Beziehung zu Gott können wir ebenso bei näherer Betrachtung solche Veränderungen feststellen. Das kann verwirrend sein. Bestimmte Gebete, die immer hilfreich und tröstlich waren, hinterlassen plötzlich ein vages Gefühl der Leere. Die Gottesdienstform, die uns früher bewegt hat, erreicht uns nicht mehr. Teile unserer Persönlichkeit, die vorher einfach nur unbequem waren, beginnen uns zu belasten, und wir spüren die Notwendigkeit einer tiefer gehenden Veränderung und einer inneren Umkehr.

Solche Veränderungen sind normal. Jesus hat uns zur Vollkommenheit aufgerufen *(Matthäus 5,48)*, aber, so erinnert uns Kardinal Newman: „Die Gabe der Vollkommenheit zu erlangen ist eine Aufgabe, die ein ganzes Leben füllt."

Um diese Aufgabe zu bewältigen, versuchen wir, immer enger mit dem Heiligen Geist zusammenzuarbeiten. Denn er will uns immer näher zu Jesus Christus bringen und uns dabei verändern. Ich hoffe, dass „Als Christ leben: Anleitung für eine lebenslange Reise" Ihnen eine Hilfe dabei ist, Gottes Ruf in Ihrem Leben immer besser zu hören und darauf zu antworten. Und ich wünsche Ihnen, dass das Buch Sie auf Ihrem inneren und äußeren Weg begleitet, sowohl in verwirrenden Zeiten als auch in Zeiten der Freude und des Getröstetseins.

David Ebor

Vorwort der Autoren

Christ sein heißt nicht, einfach an eine Liste von Dingen zu glauben. Tatsächlich ist christlicher Glaube gleichzusetzen mit christlichem Leben. Unser Glaube an Gott und unser Glaube daran, dass die Welt und das menschliche Leben in Christus wieder mit ihm versöhnt sind, machen nur dann wirklich Sinn, wenn es sich in unserem Leben niederschlägt. Durch unseren Glauben an Jesus Christus bewohnen wir die Welt auf andere Art und Weise. Der Lebensweg, der mit dem Tod zu enden schien, ist nun eine heilige Pilgerreise, die endet, wie sie begann: nicht tot, sondern lebendig in Gott. Auch wie wir durch das Leben gehen, verändert sich. Wir sind nicht länger voneinander isoliert und allein unterwegs, sondern als Schwestern und Brüder, als Teil einer einzigartigen Menschheit, die die kostbare Oase einer einzigartigen Welt bewohnt. Wir sorgen anders füreinander und für die Welt. Wenn also Menschen den christlichen Glauben entdecken, dann gilt es gleichzeitig zu entdecken, was christliches Leben heißt. Denn für viele Menschen, die noch keine Christen sind, ist genau dies die beste Werbung für das Christentum: Wenn sie sehen, wie dieses neue Leben im Alltag gelebt wird, in der Kirche und in der Welt.

Dieses Buch soll Ihnen also als Wegweiser dienen. Es beschäftigt sich mit den großen Themen eines Lebens als Christ und ermöglicht es dem Leser, einen Blick auf die inneren und äußeren Wege der Reise zu werfen, die man als Nachfolger Christi unternimmt. Deshalb haben wir dem Buch diesen Titel gegeben: Als Christ leben: Anleitung für eine lebenslange Reise.

Wir hoffen sehr, dass mit Hilfe unseres Buches Christen ihre Hingabe an Jesus Christus und ihr Leben als Christen vertiefen können. Als Bischöfe der anglikanischen Kirche von England dürfen wir voller Freude jedes Jahr viele Menschen konfirmieren. Unserer Ansicht nach ist dieses Buch wie geschaffen für frisch konfirmierte Jugendliche und Erwachsene und auch für Menschen, die gerade einen Glaubensgrundkurs abgeschlossen haben, etwa einen Alpha- (s. www.alphakurs.de) oder einen Emmauskurs (dt. „Emmaus – Auf dem Weg des Glaubens", Neukirchener Verlagsgesellschaft mbH). Aber auch all die Christen, die ihren Glauben im Alltag leben möchten, finden in diesem Buch, so hoffen wir, Ermutigung und Hilfe und nehmen es gern immer wieder zur

Hand. So kann das, was wir glauben, zu dem werden, was wir tun. Indem wir Formen finden, als Christen zu handeln und zu reagieren, wird der christliche Glaube zum Webstuhl, auf dem der Stoff des Lebens gewebt wird. Dann können wir in Frieden mit Gott leben und uns danach sehnen, dass das Reich Gottes auf der Erde sichtbar wird.

Stephen Cottrell und Steven Croft

1. AM ANFANG DES WEGES

Um in das Reich Gottes aufgenommen zu werden,
müssen wir im Wasser und im Geist neu geboren werden.
Das hat unser Herr Jesus gesagt.
Und er hat uns die Taufe gegeben als Zeichen und Siegel dafür, dass wir neu geboren sind.
In ihr werden wir durch das Wasser des Heiligen Geistes rein gewaschen.
In ihr ziehen wir Christus als Kleid an
und sterben der Sünde, damit wir auferstehen können zu einem neuen Leben.
Als Kinder Gottes haben wir eine neue Würde
und Gott beruft uns zur Fülle des Lebens.
Common Worship: Holy Baptism (Introduction)[1]

Ihr wisst doch, was bei der Taufe geschehen ist: Wir sind auf den Namen Jesu Christi getauft worden und haben damit auch Anteil an seinem Tod.

Durch die Taufe sind wir also mit Christus gestorben und begraben. Und wie Christus durch die Herrlichkeit und Macht seines Vaters von den Toten auferweckt wurde, so sollen auch wir ein neues Leben führen.
Römer 6,3-4

---

1 „Common Worship" ist die im Jahr 2000 erschienene zweite Alternative zum „Book of Common Prayer", der nach wie vor geltenden Agende der anglikanischen Kirche von England. Erarbeitet wurde „Common Worship" von der liturgischen Reformbewegung. Es besteht aus verschiedenen Bänden mit Vorschlägen zur Gottesdienstgestaltung (*Anm. d. Übers.*). Alle Texte und Gebete aus „Common Worship" sowie auch alle anderen Texte sind in der hier vorliegenden deutschen Ausgabe eigene Übersetzungen. Ausnahmen werden angegeben.

Verschiedene Wege

Jeder Weg zum Glauben an Jesus Christus und jede Geschichte des Glaubens ist anders. Jeder Mensch ist einzigartig und besonders, geschaffen als Abbild Gottes. Ihr Weg und Ihre Geschichte gehört Ihnen allein. Für manche Menschen beginnt die Glaubensreise schon in der Kindheit. Sie erleben nie, wie es ist, nicht zu glauben. Sie werden erwachsen und wachsen im Glauben, verändern sich und werden reifer. Andere werden als Kinder in einer Gemeinde groß und lernen dort zu glauben, fangen aber dann an zu rebellieren oder entfernen sich ganz unbemerkt (so wie der jüngere Sohn im Gleichnis, das Jesus in Lukas 15 erzählt). Später im Leben finden sie durch die Gnade Gottes über verschiedene Wege nach Hause zurück. Eine immer größere Zahl von Menschen bekommt als Kind oder Jugendlicher nie die Gelegenheit, den christlichen Glauben kennenzulernen, und beginnt erst als Erwachsener nach Gott zu suchen.

Die einen finden ihren Weg zurück zu Gott und zum Glauben ganz plötzlich und auf dramatische Weise: vielleicht in einem mächtigen Augenblick der Erkenntnis und der Umkehr, wie Saulus Begegnung mit dem auferstandenen Christus auf der Straße nach Damaskus. Wohl die meisten legen aber einen Weg zurück, der sie stetig weiterführt, so wie Simon Petrus, der mit Jesus herumreiste und ihm bis zum Kreuz und darüber hinaus folgte. Ganz gleich wie der Weg aussieht, es gehört auf jeden Fall dazu, immer mehr über den christlichen Glauben *zu lernen*. Dazu gehören auch *andere Christen*, die Sie willkommen heißen, zu Freunden werden und Sie bei Ihrer Suche ermutigen. Und nach und nach wächst durch Ihr Beten und die beginnende Veränderung das Bewusstsein für Ihre *Beziehung zu Gott*.

Aus all diesen verschiedenen Fäden, aus Lernen, Gemeinschaft und Gebet, aus Erfahrungen der Vergangenheit, Begegnungen in der Gegenwart und Hoffnungen für die Zukunft wird ein Stoff, der aus der Geschichte Ihres Glaubens besteht: Gottes Handeln an Ihnen und Ihr Handeln mit Gott. Ihre ganz eigene Geschichte findet ihren Platz in der großen Geschichte von Gottes Handeln an seinem Volk über die Jahrhunderte hinweg, so wie sie in der Bibel erzählt und in der Geschichte der Kirche fortgeführt wird.

Es ist wichtig darauf zu achten, dass wir unsere eigene Glaubensgeschichte reflektieren und bewahren. Ist Ihnen dieser Gedanke neu? Dann schreiben Sie Ihre Geschichte doch einmal auf, damit Sie sich in den kommenden Jahren immer wieder daran erinnern, was Gott getan hat. Viele Christen finden es hilfreich, ein Tagebuch zu führen, in das sie immer wieder sowohl ihre Erfahrungen als auch Bibelverse und Gebete schreiben, die sie bestärkt haben.

Ein einzigartiges Zeichen

Ganz gleich, wie Sie zum Glauben gekommen sind und wie Ihre Geschichte aussieht, an einem Punkt Ihres Weges gehen Sie durch das Wasser der Taufe, die Zeichen und Siegel eines neuen Lebens in Christus ist. Manche werden als Baby oder Kleinkind getauft. Wenn Sie dann als Erwachsene ihren Glauben bestätigen möchten, erfolgt keine zweite Taufe. Stattdessen erneuern sie ihr Taufgelübde in einem Konfirmationsgottesdienst oder (wenn sie als Kinder konfirmiert wurden[2]) in einem Tauferneuerungsgottesdienst. Andere werden erst als Erwachsene getauft, für gewöhnlich in einem Gottesdienst, der auch die Konfirmation einschließt. Die Taufe ist für uns Christen nicht nur ein einmaliges Ereignis, das unser Eintreten in die Kirche markiert, sondern hat vielmehr eine große Bedeutung für unser ganzes Leben. Jesus selbst wurde am Anfang seines öffentlichen Wirkens von Johannes mit Wasser getauft. Am Ende des Matthäus-Evangeliums lesen wir den Auftrag, den der auferstandene Christus jenen hinterlässt, die ihm nachfolgen:

Geht hinaus in die ganze Welt, und ruft alle Menschen dazu auf, mir nachzufolgen! Tauft sie im Namen des Vaters, des Sohnes und des Heiligen Geistes! Lehrt sie, so zu leben, wie ich es euch aufgetragen habe. Ihr dürft sicher sein: Ich bin immer bei euch, bis das Ende dieser Welt gekommen ist!“
Matthäus 28,19-20

---

2 Die anglikanische Kirche bietet die Konfirmation nicht regelmäßig für ein bestimmtes Alter an, sondern sie wird bei Bedarf von einem Pfarrer angeboten und durch einen Bischof vollzogen. Bei Erwachsenen erfolgt sie oft auch direkt im Anschluss an die Taufe. Anders als in der protestantischen Kirche handelt es sich um die Besiegelung der Taufe und nicht um eine Bestätigung des eigenen Glaubens. – *Anm. d. Übers.*

In der Apostelgeschichte lesen wir, wie die frühe Kirche dieser Anweisung Jesu nachgekommen ist: Männer und Frauen ließen sich durch die gute Nachricht Jesu Christi in die Nachfolge rufen, kehrten um, glaubten und ließen sich vom Heiligen Geist erfüllen. Für all das ist die Taufe das Symbol. Immer wieder werden die Christen aller Generationen in den Briefen des Neuen Testamentes dazu aufgerufen, ihre Taufe im Leben sichtbar werden zu lassen:

Darum sind wir ein Leib. In uns wirkt ein Geist, und uns erfüllt ein und dieselbe Hoffnung. Wir haben einen Herrn, einen Glauben und eine Taufe.
Epheser 4,4-5

Denn durch die Taufe ist euer altes Leben beendet; ihr wurdet mit Christus begraben. Aber ihr seid auch mit ihm zu einem neuen Leben auferweckt worden durch den Glauben an die Kraft Gottes, der Christus von den Toten auferstehen ließ.
Kolosser 2,12

Wir beginnen diesen Ratgeber für ein Leben als Christ mit Gedanken zur Taufe. Die Worte und Handlungen des Taufgottesdienstes beinhalten wichtige Wahrheiten, die nicht nur für den Beginn dieses neuen Lebens Geltung haben, sondern für den gesamten weiteren Weg. Vielleicht sind Sie erst vor Kurzem getauft worden oder haben Konfirmation gefeiert und die Erinnerung an den Gottesdienst ist noch ganz frisch. Oder Ihre Taufe liegt schon viele Jahre zurück und es ist gut, daran erinnert zu werden, was Taufe eigentlich bedeutet.

Die folgenden liturgischen Elemente und die einzelnen Abschnitte stammen aus „Common Worship: Services and Prayers for the Church of England“ (s. o.).

Umkehr

Wenn Menschen kommen, um sich in Anwesenheit der sie unterstützenden Familie, Freunde und Gemeinde taufen zu lassen, müssen sie auf folgende Fragen antworten und sich damit öffentlich abwenden von allem, was falsch und böse ist.

Widersagst du dem Teufel und aller Auflehnung gegen Gott?
Ich widersage.
Entsagst du aller Täuschung und Zerstörung durch das Böse?
Ich entsage.
Bereust du die Sünden, die uns von Gott und unserem Nächsten trennen?
Ich bereue.

Diese in aller Öffentlichkeit vollzogene Abkehr ist ein für unser ganzes Leben gültiges Versprechen. Weil wir aber nicht als vollkommene Menschen geschaffen sind, werden wir häufig in die alten Verhaltensweisen zurückfallen und in Versuchung geraten. Deshalb müssen wir uns nicht nur immer wieder neu an die Versprechen erinnern, die wir bei unserer Taufe gegeben haben, sondern sie erneuern, für uns selbst und manchmal auch öffentlich.

Das Wort *bekehren* kommt vom lateinischen *convertere = umwenden, umkehren*; Umkehr meint Abkehr von etwas – aber auch hin zu etwas oder besser: zu jemandem. Deshalb werden die Täuflinge auch gefragt:

Willst du dich Christus, deinem Erlöser, ganz und gar zuwenden?
Ja, ich wende mich Christus zu.
Willst du dich Jesus Christus, unserem Herrn, unterstellen?
Ja, ich unterstelle mich Christus.
Willst du zu Christus kommen, der der Weg, die Wahrheit und das Leben ist?
Ja, ich komme zu Christus.

Sterben, um zu leben

Jesus Christus ist das Zentrum des christlichen Glaubens. Mit den oben zitierten Worten versprechen wir, unser ganzes Leben lang Jünger Christi zu sein. Im Anschluss an dieses feierliche Versprechen bekennen die Täuflinge im Taufgottesdienst ihren Glauben mit den Worten des Apostolischen Glaubensbekenntnisses (s. S. 9). Danach wird jeder Täufling im Namen des Vaters, des Sohnes und des Heiligen Geistes mit Wasser getauft.

Das Wasser ist hier Symbol für viele verschiedene Dinge. Es erinnert uns an das Handeln Gottes in der Schöpfung, an Erfrischung und neues Leben, und es erinnert uns an Gottes Rettung des Volkes Israel aus der Sklaverei in Ägypten. Das Wasser ist auch ein Zeichen dafür, dass wir von all unseren Sünden reingewaschen und erneuert werden. Und im Wasser ertrinkt unser alter Mensch, er stirbt mit Christus und wird mit ihm zu neuem Leben erweckt, zu einem Leben, das weitergeht, auch wenn unser Körper stirbt. In vielen Kirchen werden erwachsene Täuflinge ganz im Wasser untergetaucht. So wird deutlich, dass sie vollständig reingewaschen sind und dass sie sterben müssen, um neu geboren zu werden. Manchmal werden die Täuflinge anschließend in neue weiße Roben gekleidet, Symbol für ihr neues Leben in Christus und den neuen Anfang, der gemacht ist.

Erfüllt mit dem Heiligen Geist

Im Konfirmationsgottesdienst bittet der Bischof an dieser Stelle um das Kommen des Heiligen Geistes, der jeden einzelnen dazu befähigt, die bei der Taufe gegebenen Versprechen auch zu erfüllen. Das Geschenk des Heiligen Geistes hat Jesus allen Christen zugesagt, denn ohne dass Gott durch den Geist in uns wirkt, sind wir nicht in der Lage, ein Leben als Christ zu führen oder Jesus unseren Herrn zu nennen.

> Erfülle sie mit dem Heiligen Geist:
> dem Geist der Weisheit und des Verstandes;
> dem Geist des Beistandes und der inneren Stärke;
> dem Geist der Erkenntnis und der wahren Göttlichkeit;
> und lass sie Freude haben an der Furcht des Herrn.

Das Geschenk des Heiligen Geistes ist kein einmaliges Ereignis, keine Batterie, die man auflädt und die ein ganzes Leben lang hält. Man stelle sich eher vor, dass der Heilige Geist wie ein Fluss unablässig in uns strömt. Denn wenn wir uns selbst an andere geben, müssen wir uns von Gott wieder erneuern und auftanken lassen. Paulus sagt den Christen in Ephesus, sie sollen „sich füllen lassen vom Geist Gottes“ (Epheser 5,18). Jesus spricht vom Heiligen Geist als Strom lebendigen Wassers, der durch den Glaubenden fließt.

Berufen zum Dienst

Wer getauft ist, ist dazu berufen, Gott anzubeten und ihm zu dienen. Die Taufe und die Zugehörigkeit zu einer Kirche bringen eine Verantwortung mit sich. Im Anschluss an die Taufe oder Konfirmation bekommt deshalb jeder Christ eine Anzahl weiterer Fragen gestellt, mit denen er zum Dienst beauftragt wird:

> Willst du der Lehre und der Gemeinschaft der Apostel treu bleiben
> und treu bleiben im Brechen des Brotes und im Gebet?
> **Ja, mit Gottes Hilfe.**
> Willst du beständig bleiben in deinem Widerstand gegen das Böse
> und, wo immer du der Sünde verfällst, bereuen und umkehren zu Gott?
> **Ja, mit Gottes Hilfe.**
> Willst du durch Worte und beispielhaftes Leben die gute Nachricht von Jesus Christus weitergeben?
> **Ja, mit Gottes Hilfe.**
> Willst du in allen Menschen das Antlitz Christi suchen und ihm dienen
> und deinen Nächsten lieben wie dich selbst?
> **Ja, mit Gottes Hilfe.**
> Willst du die Autorität Jesu Christi über die Menschen anerkennen,
> indem du für die Welt und alle Verantwortlichen betest,
> die Schwachen verteidigst und nach Frieden und Gerechtigkeit suchst?
> **Ja, mit Gottes Hilfe.**

Christliches Leben hat einen Grundrhythmus: Wir kommen zusammen, um gemeinsam Gottesdienst zu feiern und werden dann ausgesandt, um der ganzen Schöpfung von Gott und seinem Auftrag zu erzählen. Die Worte der Berufung laden Sie ein, sich in diesen Rhythmus einzufinden, indem Sie Anteil nehmen an Gemeinschaft und Gottesdienst und sich gleichzeitig engagieren als Zeuge Christi, im Dienst an anderen und beim Aufbau des Reiches Gottes.

Die Taufe im Leben lebendig werden lassen

Die Taufe oder die Konfirmation oder auch die Tauferneuerung sind wichtige Wegpunkte auf der Reise eines jeden Christen; sie alle markieren nicht etwa ein Ende, sondern einen Anfang. Falls Ihre Taufe oder Konfirmation noch nicht lange her ist, ist jetzt ein guter Zeitpunkt, um neue Rituale in Gebetsleben und Gottesdienstbesuch einzuüben. Gott schenkt Ihnen die Möglichkeit, hier und jetzt damit zu beginnen, Ihren Glauben auf bedeutungsvolle Weise zu leben. Machen Sie sich auf die Suche nach Gottes Plan für das Leben, das er Ihnen anvertraut hat.

Wir lassen unsere Taufe nicht hinter uns, wenn wir weitergehen. Vielmehr leben wir auf unserem Weg in und mit ihr. Wir sollen uns jeden Tag neu bewusst machen, dass wir gewaschen, gereinigt und von der Sünde befreit sind. Wir sollen jeden Tag daran zurückdenken, dass wir eine neue Identität geschenkt bekommen haben und ein neuer Mensch geworden sind in Christus. Und wir sollen uns jeden Tag daran erinnern, dass wir berufen sind zu sterben und ein neues Leben in Christus zu beginnen.

Manchmal bekommen wir diesen Anstoß, wenn wir die Taufe anderer erleben. Dann werden wir machtvoll an unsere eigene Taufe erinnert, an die Versprechen, die wir gegeben und das neue Leben, das wir begonnen haben. Das gleiche gilt, wenn unser Blick beim Betreten einer Kirche auf das Taufbecken fällt. Auch eine so selbstverständliche Handlung wie das morgendliche Waschen kann uns erneut die Wahrheit ins Bewusstsein rufen, dass wir getaufte Glieder des Leibes Christi und berufen sind, durch ihn zu leben. Und auch dieses Buch soll Ihnen dabei helfen zu verstehen, was es heißt, die eigene Taufe in Christus im Leben Gestalt annehmen zu lassen.

> Gott hat uns von der Macht der Finsternis entbunden
> und uns gemeinsam mit allen Heiligen einen Platz in seinem Licht geschenkt.
>
> Du hast das Licht Christi empfangen,
> wandele in diesem Licht an allen Tagen deines Lebens.
> **Sei Licht und leuchte in der Welt**
> **zur Ehre Gottes des Vaters.**

Texte und Gebete

Das Apostolische Glaubensbekenntnis

Ich glaube an Gott,
den Vater, den Allmächtigen,
den Schöpfer des Himmels und der Erde.

Und an Jesus Christus,
seinen eingeborenen Sohn, unsern Herrn,
empfangen durch den Heiligen Geist,
geboren von der Jungfrau Maria,
gelitten unter Pontius Pilatus,
gekreuzigt, gestorben und begraben,
hinabgestiegen in das Reich Todes,
am dritten Tage auferstanden von den Toten,
aufgefahren in den Himmel;
er sitzt zur Rechten Gottes,
des allmächtigen Vaters;
von dort wird er kommen,
zu richten die Lebenden und die Toten.

Ich glaube an den Heiligen Geist,
die heilige, christliche Kirche,
Gemeinschaft der Heiligen,
Vergebung der Sünden,
Auferstehung der Toten
und das ewige Leben.
Amen.

Österliche Lobgesänge

Christus, unser Lamm, ist für uns geopfert worden,
darum lasst uns feiern:
wir sind nicht mehr durchdrungen
vom alten Sauerteig der Unehrenhaftigkeit und Boshaftigkeit,
sondern feiern mit dem ungesäuerten Brot der Aufrichtigkeit und Wahrheit.
Christus, einmal auferstanden von den Toten, wird nicht mehr sterben,
der Tod hat keine Macht mehr über ihn.

Durch sein Sterben ist er der Sünde für immer gestorben.
Durch sein Leben lebt er in Gott.
So betrachtet auch ihr euch nun für die Sünde gestorben,
und in Christus, unserem Herrn, lebendig in Gott.
Christus ist von den Toten auferstanden,
als erster von denen, die entschlafen sind.
Durch einen Menschen kam der Tod
und durch einen Menschen kam auch die Auferstehung von den Toten.
Denn durch Adam sind wir alle dem Tod geweiht,
aber durch Christus werden wir lebendig gemacht.
Common Worship: Canticles (nach 1. Korinther 5,7; Römer 6,9 und 1. Korinther 15,20)

Gott, schau du uns vergebend an,
Du Ursprung aller Welt.
Erneure uns in unsrem Geist
zu einem Leben, das dich preist,
und dir die Treue hält.
Und dir die Treue hält.

Gib, dass wie Jünger wir vertraun
und deinen Ruf verstehn.
Am See erscholl dein Gnadenwort;
wenn wir es hörn, lass uns sofort
gehorchen und aufstehn.
Gehorchen und aufstehn.

Oh Galiläas Sabbatruh,
wo Jesus betend kniet.
Sein Leben mit dem Vater teilt,
im Raum der Ewigkeit verweilt,
das Licht der Liebe sieht.
Das Licht der Liebe sieht.

Dein Friede fall wie Tau auf uns,
der Sorg und Hast vertreibt.
Mach unsre Seele bei dir still.

Führ unser Leben an dein Ziel,
wo ewig Friede bleibt.
Wo ewig Friede bleibt.

Hauch Kühle du in unsre Hast,
bring unser Herz zur Ruh.
In Sturm und Beben bist du nicht,
zeigst erst im Windhauch dein Gesicht.
Im Leisen, Herr, sprichst du.
Im Leisen, Herr, sprichst du.
John Greenleaf Whittier, Dear Lord and Father of Mankind

Als du hinunterstiegst ins Wasser, war es dunkel wie in der Nacht und du konntest nichts sehen; wieder emporkommend jedoch sahst du den Tag. Dieser eine Augenblick war dein Tod und deine Geburt zugleich. Das Wasser der Erlösung war dir Grab und Mutter.
Inschrift des Taufbeckens in der Kathedrale von Portsmouth
Zitat Kyrills von Jerusalem

Heute hat Gott dich mit seiner Liebe angerührt
und dir einen Platz in seinem Volk gegeben.
Gott verspricht, mit dir zu sein
in Freude und Leid,
dich durch das Leben zu führen,
bis du sicher im Himmel angekommen bist.
Die Taufe ist Gottes Einladung zu einer Reise,
die ein Leben lang andauert.
Gemeinsam mit dem ganzen Volk Gottes
sollst du den Weg Jesu entdecken,
und deine Freundschaft mit Gott,
deine Liebe für sein Volk
und deinen Dienst an anderen vertiefen.
Mit uns gemeinsam wirst du auf Gottes Wort hören
und seine Gaben empfangen.
Common Worship: Holy Baptism (Commission)

Kollektengebet am Ostertag

Allmächtiger, lebendiger Gott,
du hast durch die Auferweckung deines Sohnes
die alte Ordnung von Sünde und Tod überwunden,
um in ihm alle Dinge neu zu machen.
So sind wir für die Sünde gestorben
und lebendig geworden in Jesus Christus.
Schenke, dass wir mit Christus regieren in Herrlichkeit.
Ihm und dem Vater und dem Heiligen Geist
sei Preis und Ehre und Macht und Herrlichkeit
in Ewigkeit.
Common Worship: Collects and Post Communions

2. VERWANDLUNG

Wachsen heißt sich verändern. Vollkommen kann nur werden, wer sich oft verändert.
John Henry Newman

Wichtiger als alles andere ist die Liebe. Wenn ihr sie habt, wird euch nichts fehlen. Sie ist das Band, das euch verbindet. Und der Friede, den Christus schenkt, soll euer ganzes Leben bestimmen. Gott hat euch dazu berufen, als Gemeinde Jesu in diesem Frieden ein Leib zu sein. Dankt Gott dafür!
Kolosser 3,14-15

Wir leben in einer Welt, in der wir uns kaum retten können vor den Bildern, die uns vorschreiben, wer wir zu sein und wie wir auszusehen haben. Von der Kleidung bis zum Lebensstil und von der Persönlichkeit bis hin zur Figur – die Bilder zeigen uns, wie wir attraktiv, begehrenswert und angesagt sind und den Ansprüchen genügen. Und falls wir nicht gut genug sind, müssen wir uns ändern. Wir müssen uns darum bemühen, so zu werden, wie das Bild es vorgibt. Wir müssen zu der Person werden, die wir sein wollen. Wir müssen diese Fettpolster bekämpfen und jenes Gewicht gestemmt bekommen, diese speziellen Klamotten tragen, jene Sorte Kinn liften lassen und diesen Schritt in der Karriere tun. Sofern ich nur hart genug arbeite, kann ich mich selbst neu erschaffen.

Im christlichen Glauben geht es auch um Veränderung. Aber die befreiend gute Nachricht ist, dass ich mich nicht verbiegen muss, um jemand anders zu werden. Ich darf damit aufhören, dem leeren Glanz eines Bildes nachzujagen, das mich verführt hat. Ich darf damit aufhören, mich selbst schlecht zu machen und zu wünschen, ich sei jemand anderes. Ich darf stattdessen ich selbst werden. Ich selbst: der letztendlich einzige Mensch, in den ich mich wirklich verwandeln kann. Ich selbst, so wie Gott mich beabsichtigt hat. Größer kann eine Veränderung allerdings nicht sein, denn was sie voraussetzt, ist eine völlige Neuorientierung meines Lebens: Um mich selbst zu finden, so wie Gott mich gewollt hat, muss ich mich erst selbst verlieren. Ich muss aufhören so aussehen und handeln zu wollen, wie die Welt es von mir erwartet. Vielmehr muss ich nach dem fragen, was Gott sagt. Wie sieht der Mensch aus, zu dem er mich machen möchte? Mit dieser wichtigen Frage beginnt ein Prozess der Veränderung, der ein Leben lang andauert, es ist der Beginn der Pilgerreise eines Christen. Diese von Gott gewollte Veränderung macht uns nicht zu einem anderen. Sie verwandelt uns in uns selbst.

In seinem Herzen bewahrt Gott ein Bild von jedem einzelnen von uns, so wie sie oder er sein kann. Das, was er in uns tut, gleicht der Arbeit eines Restaurators von Gemälden: Er bringt das wunderschöne Bild zum Vorschein, das unter der dicken Schmutzschicht bereits wartet. All die falschen, so verführerischen Bilder werden entfernt und wir sehen das Bild Jesu Christi, der in uns wohnt. Manchmal geschieht dies auf dramatische und entlarvende Weise, viel häufiger aber sanft und reinigend. Immer jedoch geht es darum zu verstehen, wo ich stehe im Verhältnis zu anderen. Jesus fasst das Gesetz und die Propheten zusammen mit dem Gebot, wahrhaft sich selbst, den Nächsten und Gott zu lieben. Drei Dinge, die nicht voneinander getrennt werden können. Wenn ich verwandelt werde in einen Menschen, der zu solch einer Liebe fähig ist, dann werde ich zu dem, was Gott in mich hineingelegt hat. Dann bin ich vorbereitet für den Himmel. Das nennen wir Verwandlung oder Heiligung. Ein schwieriger, aber schöner Weg. Allerdings ist er nicht Folge unserer eigenen Anstrengung, sondern hängt davon ab, ob wir es zulassen, von Gott geliebt zu werden, und ob wir uns von ihm verändern lassen.

Und wie soll das gehen? Wichtig sind vor allem unsere inneren Einstellungen und eine sich immer mehr vertiefende Beziehung zu Gott. Unser wahres Selbst entdecken wir nur in Beziehung zu ihm, und die innere Verwandlung fließt über und zieht ein verwandeltes Leben nach sich.

Ich bin nach dem Bild Gottes gemacht

Dies ist die erste Wahrheit über den Menschen und sie verändert mein Denken über mich selbst. Denn weil das Leben, in dessen Genuss ich gekommen bin, abhängig ist von Gott, kann ich mich selbst nicht mehr so leicht in den Mittelpunkt stellen. Will ich ganz ich selbst werden, dann muss ich auf Gott schauen. Was mich dazu befähigt, mich ganz auf Gott zu beziehen und mich von ihm formen zu lassen, wollen wir in diesem Buch erarbeiten: Gebet, Gemeinschaft in Kirche und Gemeinde, Bibelstudium und die Nahrung, die ich in den Sakramenten empfange.

All dies verändert auch meine Beziehung zu anderen Menschen. Jeder von ihnen ist sowohl ein einzigartiges Individuum als auch Teil eines Ganzen. Jeder von ihnen verdient die gleiche Würde und die gleichen Rechte, wie ich sie mir für mich selbst wünsche. Jeder von ihnen zeigt mir ein Stück von Gott.

Ich bin Kind Gottes

Jesus hat Gott „Abba – Papa" genannt. Ich bin nicht nur nach dem Bild Gottes gemacht, ich bin auch sein geliebtes Kind. So erstaunlich es klingen mag, der christliche Glaube sagt: Ich bin Gott wichtig, er interessiert sich für mich, er liebt mich. Und wenn das für mich gilt, dann gilt das auch für alle anderen. Darum sind alle anderen, unabhängig von ihrem Glauben, ihrer Hautfarbe oder ihrer sozialen Herkunft, meine Schwestern und Brüder.

Ich bin gemacht für die Gemeinschaft mit Gott

Weil mein Leben tief in Gott verwurzelt ist, kann ich „mich selbst" nicht länger als ein von allem losgelöstes Individuum betrachten. Denn ohne Gott kann ich gar nicht ganz ich selbst sein. Ich bin für die Gemeinschaft gemacht. Zunächst einmal Gemeinschaft mit Gott, aber auch Gemeinschaft mit all denen, die um mich sind, und letztlich Gemeinschaft mit der ganzen Schöpfung, von der ich ein Teil bin. Genauso wie es Gottes Initiative war, mich zu seinem Kind zu machen, ist es auf ihn zurückzuführen, dass diese Gemeinschaft möglich ist. Durch das, was Gott durch Jesus Christus an uns getan hat, sind wir mit ihm und mit anderen versöhnt.

Wenn ich aus der Sklaverei befreit werden und zu meinem wahren Selbst finden will, muss ich Christus anziehen wie ein Kleid. Ich muss mich selbst loslassen, also von der verführerischen Tendenz Abschied nehmen, mich selbst immer an die erste Stelle zu setzen, und stattdessen mein wahres Ich in Christus finden. In ihm kann ich das finden, wonach ich mich so sehr sehne: Vergebung, Frieden und Angenommensein. Ich muss ihm nicht etwas vorspielen, was ich nicht bin. Ich kann alle Masken fallen lassen. Denn er kennt mich durch und durch. Er liebt mich so, wie ich bin. Mir ist vergeben.

Daraus folgt, dass man die Sünde ernst nehmen muss. Durch das, was Jesus für mich getan hat, bin ich mit Gott versöhnt. Das weiß ich. Trotzdem setze ich beharrlich und immer wieder mich selbst an die erste Stelle und zerreiße damit immer wieder die Verbindung zu Gott und zu anderen. In meinen Gebeten muss ich Gott deshalb regelmäßig um seine Vergebung bitten. Manchmal kann es auch nötig sein, eine richtige, formale Beichte abzulegen. In jedem Fall aber heißt es, dass ich bereit sein muss, anderen zu vergeben, und versuchen muss, all mein Tun durch Demut, Geduld und Liebe bestimmen zu lassen. Übrigens: Wir sind einander auf schmerzliche Weise ähnlich, wenn es um die isolierenden Konsequenzen der Sünde geht. In Christus aber bekomme ich den Weg zu meinem wahren Ich gezeigt und deshalb auch den Weg zurück zu den anderen und zu Gott.

Ich muss in dem Bewusstsein der Gnade Gottes leben. Gott sehnt sich danach, dass ich zu ihm komme. Er selbst hat schon alles getan, um mir ein Leben mit ihm zu ermöglichen. Wenn ich erkenne, dass ich ihn brauche, und einen Schritt in seine Richtung mache – und sei er auch noch so klein –, dann kommt er mir mit einem gewaltigen Sprung entgegen. Seine Arme sind immer ausgestreckt: um für mich zu leiden und um mich zu empfangen.

Ich bin Teil des Leibes Christi

An all dem erkenne ich auch das Wesen der Kirche. Gott hat den ersten Schritt getan, indem er uns die Versöhnung gebracht hat; er erwartet von uns nichts weiter als eine Reaktion darauf. Nichts anderes ist Kirche: die Gemeinschaft derer, die reagiert haben.

Paulus beschreibt die Kirche deshalb als Leib Christi *(1. Korinther 12,27)*. Sie ist keine von Menschen gemachte Organisation, sondern die Gemeinschaft derer, die zu Christus gehören.

Ich bin Tempel des Heiligen Geistes

Die neue Gemeinschaft mit Gott und die neue Beziehung zu anderen, all dies ist das Werk des Heiligen Geistes. Wenn wir unser Leben in Gemeinschaft mit Gott leben, nimmt der Heilige Geist Wohnung in uns. Diese Veränderung macht sich auf verschiedene Art bemerkbar. Manche Christen erzählen von spektakulären Erfahrungen, wie das Reden in Zungen – eine Art Himmelssprache, die den Menschen eine neue Freiheit im Lobpreis Gottes schenkt. Andere fallen buchstäblich um, weil sie die Liebe und Macht Gottes so überwältigend spüren. Aber auch wenn wir nicht auf solcherlei Erfahrungen zurückblicken können, sollte uns das nicht beunruhigen oder das Gefühl auslösen, übersehen worden zu sein. Die Bibel erzählt immer wieder, dass die kostbarsten Gaben des Heiligen Geistes der Glaube, die Hoffnung und vor allem die Liebe sind. Und der Geist wird uns diese Gaben schenken, wenn wir ihn darum bitten. Deshalb sollten wir immer wieder darum beten, dass er in unser Leben kommt. Und wir sollten nicht versuchen, ihn einzuschränken durch zu genaue Vorstellungen davon, wie er in uns Gestalt annimmt.

Eines allerdings ist sicher: Der Heilige Geist kommt von Gott. Durch ihn bekommen wir immer wieder neu die Bestätigung, dass wir von Gott, unserem Vater, geliebt sind. Wir erfahren immer wieder neu, dass wir durch Jesus erlöst sind. Der Heilige Geist war es, der die Antwort Marias auf die Einladung Gottes gehört und Jesus in ihr empfangen hat; gleichermaßen wartet er auch auf unsere Antwort und sehnt sich danach, Jesus in uns Gestalt annehmen zu lassen. Glaube, Hoffnung, Liebe, sind vom Heiligen Geist geschenkt – dessen können wir uns sicher sein.

Ich bin Mit-Erbe Christi

Irgendwann konfrontiert mich diese innere Veränderung, bei der Christus ins Zentrum meines Lebens gerückt wird, mit dem herrlichen Paradox des christlichen Glaubens: Stelle ich Christus ins Zentrum meines Lebens, stellt er mich ins Zentrum seines Lebens. Genau das meinte Jesus, als er sagte, dass wir unser Leben verlieren müssen, um es zu finden *(Markus 8,35)*.

„Alles, was ich bin, gebe ich dir, und was ich habe, will ich mit dir teilen." So lautet das Gelübde, das Mann und Frau im Traugottesdienst voreinander ablegen und dadurch ein Fleisch werden. Ebenso gibt sich Jesus an uns.

Paulus beschreibt dies mit folgenden Worten: „Gottes Geist selbst gibt uns die innere Gewissheit, dass wir Gottes Kinder sind. Als seine Kinder aber sind wir – gemeinsam mit Christus – auch seine Erben. Und leiden wir jetzt mit Christus, werden wir einmal auch seine Herrlichkeit mit ihm teilen." *(Römer 8,16-17)*

Ich habe Bürgerrecht im Himmel

Weil wir zu Christus gehören, verändert sich also die Ausrichtung unseres Lebens. Mein Leben gleicht nicht länger einer Reise, die mit dem Tod endet und mich deshalb dazu verleitet, im Anhäufen von Status und Besitz den Weg zum Glück zu suchen. Es ist vielmehr eine Pilgerreise, die bei Gott endet. Ich habe Bürgerrecht im Himmel. Meine wahre Heimat liegt, genauso wie mein wahres Ich, in Gott. Weil Gott aber gekommen ist und mir in Jesus begegnet, um mir den Weg nach Hause zu zeigen, ist der Himmel nicht nur das Ziel, das mich am Ende meines Lebens erwartet. Er ist jetzt schon Realität, all mein Denken und Handeln ist davon durchdrungen. Ich soll mein Leben hier nach den Standards und Werten des Reiches Gottes leben.

In den Zehn Geboten *(2. Mose 20,1-17)* steht geschrieben, wie diese Standards aussehen. Sie bilden das Fundament für unser Leben und den Grundstein christlicher Moral.

Die Werte des Reiches Gottes dagegen finden wir in den Seligpreisungen beschrieben *(Matthäus 5,1-10)*. Sie sind nicht so leicht zu verstehen. Auf den ersten Blick scheint es, als ob Gottes Ermahnung, geistlich arm und sanftmütig zu sein, andere dazu einlädt, uns mit Füßen zu treten. Aber geistlich arm sein bedeutet, offen zu sein für Gott. Wenn wir traurig sind, beklagen wir das Leid und die Ungerechtigkeit der Welt. Sanftmütig ist man, wenn man Gottes Willen gehorcht. Nach Gerechtigkeit hungern und dürsten meint, eine Vision von der Welt zu haben, wie sie eigentlich sein sollte. Barmherzig sind wir, wenn wir etwas von dem Überfluss abgeben, den Gott uns geschenkt hat. Reinen Herzens zu sein heißt, Gott klarer erkennen zu können. Friedensstifter ist man, wenn man über das Lösen von Konflikten hinaus nach Harmonie und Versöhnung strebt. Um der Gerechtigkeit willen verfolgt zu sein bedeutet ganz einfach, den Preis dafür zu zahlen, dass man sich Christus annähert und nach seinen Werten lebt. Die Welt wird uns verfolgen und hassen, weil die Werte des Reiches Gottes denen entgegenstehen, die immer schon in jeder Gesellschaft der Welt Geltung hatten.

Jeder dieser Werte enthält aber auch einen Segen. Wenn wir offen für Gott leben, dann werden wir sein Reich hier und jetzt schon empfangen. Wenn wir unsere Stimme gegen die Ungerechtigkeit erheben, dann werden wir den Trost empfangen, der uns die Kraft dazu gibt nicht aufzugeben. Wenn wir Gottes Willen gehorchen, dann werden wir das Erdreich besitzen. Wenn wir nach Gerechtigkeit dürsten, dann wird unsere Sehnsucht gestillt werden. Wenn wir barmherzig mit anderen sind, dann werden auch wir Barmherzigkeit empfangen. Wenn wir reinen Herzens sind, dann werden wir Gott sehen und seine Absichten erkennen. Wenn wir Frieden stiften, dann sind wir wahrhaft Gottes Kinder. Sogar wenn wir verfolgt werden, in den dunkelsten Stunden, wenn wir die furchtbaren Konsequenzen menschlicher Sündhaftigkeit erkennen und es scheint, dass die Welt ganz und gar von ihr verschlungen wird, sogar dann gehört uns das Reich Gottes. Gott hat uns nicht versprochen, dass es leicht ist Jesus nachzufolgen. Wir sehen es daran, dass Jesus seinen Jüngern zunächst das Kreuz zu tragen gibt. Aber wenn wir uns Gott ganz hingeben und ihm erlauben, uns zu verändern, dann werden wir gesegnet sein.

Dieser Weg vom geliebten Kind zum Miterben mit Bürgerrecht im Himmel ist der Weg der Heiligung. Er bedeutet ein ständiges Neuausrichten unseres Lebens auf Gott, ein konstantes Feilen an uns selbst, um vorbereitet zu sein für den Himmel. Damit verbunden sind ein innerer und ein äußerer Weg. Für den inneren muss das geistliche Leben Nahrung bekommen durch Gebet, Bibellesen, Sakramente, Gottesdienste und Gemeinschaft in Kirche und Gemeinde. Der äußere bringt den christlichen Glauben zum Ausdruck durch ein verändertes, ganz und gar menschliches Leben als Christ. In den nächsten zwei Abschnitten dieses Buches wollen wir diese beiden Wege näher anschauen. Dabei müssen wir uns immer wieder klarmachen, dass es darum geht, auf gute Weise unterwegs zu sein – denn angekommen sind wir noch nicht. Um zu dem Menschen zu werden, den Gott aus uns machen will, braucht man ein ganzes Leben. Welch ein glücklicher Zufall, dass jedem von uns genau diese Zeit gegeben ist: ein ganzes Leben.

Texte und Gebete

Die Zehn Gebote

Dann redete Gott. Er sprach: „Ich bin der Herr, dein Gott; ich habe dich aus der Sklaverei in Ägypten befreit. Du sollst außer mir keine anderen Götter verehren!

Fertige dir keine Götzenstatue an, auch kein Abbild von irgendetwas am Himmel, auf der Erde oder im Meer. Wirf dich nicht vor solchen Götterfiguren nieder, bring ihnen keine Opfer dar! Denn ich bin der Herr, dein Gott. Ich dulde keinen neben mir! Wer mich verachtet, den werde ich bestrafen. Sogar seine Kinder, Enkel und Urenkel werden die Folgen spüren! Doch denen, die mich lieben und sich an meine Gebote halten, bin ich gnädig. Über Tausende von Generationen werden auch ihre Nachkommen meine Liebe erfahren.

Du sollst meinen Namen nicht missbrauchen, denn ich bin der Herr, dein Gott! Ich lasse keinen ungestraft, der das tut!

Achte den Sabbat als einen Tag, der mir allein geweiht ist! Sechs Tage sollst du deine Arbeit verrichten, aber der siebte Tag ist ein Ruhetag, der mir, dem Herrn, deinem Gott, gehört. An diesem Tag sollst du nicht arbeiten, weder du noch deine Kinder, weder dein Knecht noch deine Magd, auch nicht deine Tiere oder der Fremde, der bei dir lebt. Denn in sechs Tagen habe ich, der Herr, den Himmel, die Erde und das Meer geschaffen und alles, was lebt. Aber am siebten Tag ruhte ich. Darum habe ich den Sabbat gesegnet und für heilig erklärt.

Ehre deinen Vater und deine Mutter, dann wirst du lange in dem Land leben, das ich, der Herr, dein Gott, dir gebe.

Du sollst nicht töten!

Du sollst nicht die Ehe brechen!

Du sollst nicht stehlen!

Sag nichts Unwahres über deinen Mitmenschen!

Begehre nicht, was deinem Mitmenschen gehört: weder sein Haus noch seine Frau, seinen Knecht oder seine Magd, Rinder oder Esel oder irgendetwas anderes, was ihm gehört."

2. Mose 20,1-17

Die Seligpreisungen

Da er aber das Volk sah, ging er auf einen Berg und setzte sich; und seine Jünger traten zu ihm.

Und er tat seinen Mund auf, lehrte sie und sprach:
Selig sind, die da geistlich arm sind; denn das Himmelreich ist ihrer.
Selig sind, die da Leid tragen; denn sie sollen getröstet werden.
Selig sind die Sanftmütigen; denn sie werden das Erdreich besitzen.
Selig sind, die da hungert und dürstet nach der Gerechtigkeit; denn sie sollen satt werden.
Selig sind die Barmherzigen; denn sie werden Barmherzigkeit erlangen.
Selig sind, die reines Herzens sind; denn sie werden Gott schauen.
Selig sind die Friedfertigen; denn sie werden Gottes Kinder heißen.
Selig sind, die um Gerechtigkeit willen verfolgt werden; denn das Himmelreich ist ihrer.
Matthäus 5,3-10[3]

Gebet zu Buße und Sündenvergebung

Ewiger Vater, du Ursprung allen Lichtes und aller Gnade,
wir haben gesündigt gegen dich und unseren Nächsten,
in unseren Gedanken,
mit unseren Worten und Werken,
aus Unwissenheit oder Schwachheit,
durch unsere tiefe Schuld.
Wir haben deine Liebe zu uns verletzt,
und dein Bild in uns entstellt.
Traurig und beschämt stehen wir vor dir
und bereuen zutiefst, wo wir gesündigt haben.
Um deines Sohnes Jesu Christi Willen,
der für uns gestorben ist,
vergib uns, was vergangen ist
und führe uns aus der Finsternis,
damit wir als Kinder des Lichtes deinem Weg folgen können.
Amen.
Common Worship

---

3 Die Bibel oder die ganze Heilige Schrift des Alten und Neuen Testaments. Revidierte Fassung der deutschen Übersetzung Martin Luthers, Stuttgart 1912 (geringfügig modernisiert).

Der Gott der Liebe
bringe uns zu sich zurück.
Er vergebe uns unsere Sünden
und zeige uns seine ewige Liebe
in Jesus Christus unserem Herrn. Amen.
Patterns for Worship

Gebet der Liebe und Hingabe

Vater im Himmel,
ich gebe mich ganz in deine Hände;
mach mit mir, was dir gefällt.
Was immer du mit mir tust, ich danke dir:
Ich bin bereit für alles, alles werde ich annehmen.
Wenn nur dein Wille an mir geschieht,
und an allen deinen Geschöpfen.
Das ist alles, was ich ersehne.
In deine Hände lege ich meine Seele;
Ich halte sie dir hin, mit all der Liebe, die in meinem Herzen ist,
denn ich liebe dich, Herr, ich möchte mich dir hingeben,
möchte mich ganz in deine Hände geben,
ohne Vorbehalt,
in grenzenlosem Vertrauen,
denn du bist mein Vater.
Charles de Foucauld, Prayer of Abandonment

Gewissenserforschung

Um das eigene Leben im Licht des Evangeliums zu betrachten, gibt es eine einfache und sehr effektive Methode: Man liest 1. Korinther 13 und ersetzt das Wort „Liebe“ jedes Mal durch den eigenen Namen. Wer dies tut und dazu regelmäßig über die Bergpredigt und die Zehn Gebote nachdenkt, behält eine realistische Einstellung gegenüber sich selbst und vergisst nicht, wie sehr wir Gott brauchen.

Der Schriftgelehrte antwortete: „Du sollst den Herrn, deinen Gott, lieben von ganzem Herzen, mit ganzer Hingabe, mit all deiner Kraft und mit deinem ganzen Verstand. Und auch deinen Mitmenschen sollst du so lieben wie dich selbst.“
Lukas 10,27

DER INNERE WEG

3. BETEN LERNEN

Lassen Sie sich beim Beten von dem leiten, was Sie können, nicht von dem, was Sie nicht können.
Dom Chapman

Eines Tages, als Jesus gebetet hatte, bat ihn einer seiner Jünger: „Herr, sag uns doch, wie wir richtig beten sollen. Auch Johannes hat dies seine Jünger gelehrt."
Lukas 11,1

Warum wir beten

Christ sein heißt, in einer engen und immer tiefer werdenden Beziehung zu Gott, dem Vater und dem Sohn und dem Heiligen Geist zu leben; in einer Beziehung, die die Bibel wagt Freundschaft zu nennen. Diese Freundschaft entwickelt sich zum Teil dadurch, dass wir Gottesdienst feiern, die Bibel lesen, Gemeinschaft mit anderen Christen haben sowie Gott und anderen dienen. Aber sie entwickelt sich auch durch persönliches Gebet, durch Zeit, die wir ganz allein mit Gott verbringen. Gebet umfasst viel mehr, als für andere oder sich selbst etwas von Gott zu erbitten. Im Gebet geht es darum, eben diese Beziehung mit Gott aufzubauen und zu vertiefen.

Mit unserem Beten folgen wir dem Beispiel Jesu, der sich in den Geschichten der Evangelien ebenfalls immer wieder die Zeit nahm, ganz für sich allein zu beten. Wir folgen also seiner Lehre. In der Bergpredigt weist Jesus seine Jünger ausdrücklich an, für das Gebet die Stille zu suchen:

Wenn du beten willst, geh in dein Zimmer, schließ die Tür hinter dir zu, und bete zu deinem Vater. Und dein Vater, der auch das Verborgene sieht, wird dich dafür belohnen.
Matthäus 6,6

Im Gebet stärken und vertiefen wir unsere Beziehung zu Gott. Wir erinnern uns im Angesicht Gottes daran, wer wir sind. Wir richten unser Leben, unsere Wünsche und unser Wollen neu auf Gott aus, statt uns nur um uns selbst zu kümmern.

Mit dem Vaterunser gab Jesus seinen Jüngern sowohl eine Struktur als auch Worte zu lernen, die sie im Gebet benutzen konnten. Er gab ihnen ein Gebet, das Nachfolger Christi jeden Tag beten sollten („Unser tägliches Brot gib uns *heute*"), denn so lernen wir beten „Dein Wille geschehe, wie im Himmel so auch auf Erden", *bevor* wir an unsere eigenen Bedürfnisse denken.

Jeder Christ ist anders, deshalb findet auch jeder eine andere Art des Betens hilfreich. Manchmal bleibt die Gebetspraxis eines Menschen über lange Phasen stabil. Dann kann es Zeiten geben, in denen wir uns als Menschen verändern und weiterentwickeln, und das verändert auch unser Gebetsleben. Ganz gleich wie lang wir schon Christen sind und ganz gleich wie lang wir schon beten – ausgelernt haben wir nie.

Wie wir ein Fundament legen

Wer gerade erst zum Glauben gekommen ist, beginnt am besten mit dem, was am einfachsten ist und wirklich hilft. Versuchen Sie, wenn möglich, eine bestimmte Zeit am Tag als Gebetszeit zu reservieren. Nehmen Sie sich nicht zu früh zu viel vor, sondern fangen Sie mit einer kurzen Zeit an und verlängern Sie diese nach und nach. Experimentieren Sie dabei ruhig mit verschiedenen Tageszeiten. Die meisten Menschen kommen am ehesten zurecht, wenn sie sich entweder ganz am Anfang oder ganz am Ende des Tages Zeit zum Beten nehmen. Für manche kann es schwierig sein, auch nur fünf ungestörte Minuten am Tag zu finden. Aber Sie sollten es auf jeden Fall versuchen.

Oft ist es hilfreich, jeden Tag zur selben Zeit und am selben Ort zu beten, so dass sich, wie bei den täglichen Mahlzeiten, eine Routine entwickelt. Sich gute Gewohnheiten anzutrainieren, kann allerdings genauso so schwierig sein wie das Abgewöhnen schlechter Gewohnheiten. Seien Sie darauf gefasst und bleiben Sie bei der Stange. Versuchen Sie, eine gesunde Disziplin zu entwickeln, die Ihnen Flexibilität erlaubt, ohne dass Sie ein schlechtes Gewissen haben müssen, wenn Sie einmal eine Gebetszeit auslassen. Einen Platz in der Wohnung oder im Haus zu finden, an dem man ungestört ist, kann manchmal ebenso ein Problem darstellen. In diesem Fall gibt es in Ihrer Nähe vielleicht eine Kirche, die offensteht zum Gebet, oder Sie können sich eine Ecke in Ihrem Zimmer als Gebetsecke, vielleicht mit einer Kerze, einrichten, in der Bibel und Gebetbuch bereitliegen. Auch unsere Körperhaltung ist wichtig. Für viele Menschen ist es am angenehmsten, entweder zu sitzen oder zu knien. Die Haltung sollte bequem sein, aber nicht zu entspannt, besonders wenn Sie spätabends beten wollen.

Meistens wird es als hilfreich empfunden, wenn die Gebete einer bestimmten Form folgen, die verschiedene Elemente beinhaltet. Dazu gehören auch kurze Texte von anderen Christen oder aus der Bibel. Am Ende dieses Buches finden Sie Vorschläge für die Gestaltung einer täglichen Gebetszeit am Morgen oder am Abend. Sie basieren alle auf folgender Grundstruktur: eine Zeit der Vorbereitung, ein Text aus der Bibel, Gedanken zum Bibeltext und Gebet.

Eine regelmäßige tägliche Gebetszeit heißt natürlich nicht, dass sich jegliches Beten darauf beschränkt. Es hilft auch sehr, sich zu anderen Tageszeiten der Gegenwart Gottes bewusst zu werden: Das können Stoßgebete in schwierigen oder gefährlichen Situationen sein oder kurze Gebete vor den Mahlzeiten, auch wenn das Telefon läutet, die Türklingel geht oder etwas Unvorhergesehenes geschieht.

Finden Sie heraus, welcher Rhythmus Ihren Tag bestimmt und entwickeln Sie ein Gebetsleben, das sich in den Fluss Ihrer Routine einfügt.

Wie wir hören lernen

Beim Beten geht es nicht nur darum, mit Gott zu reden, sondern auch auf ihn zu hören; so sollte es jedenfalls sein. Wir hören, wenn wir in der Bibel lesen und über das Gelesene nachdenken. Wir hören und versuchen, die Stimme Gottes zu erkennen, wenn wir unsere Gedanken aufschreiben. Wir hören in der Stille unseres Herzens auf die leise, kleine Stimme, die in uns spricht, um uns den Rücken zu stärken, zu rufen und zu leiten.

Es gibt viele verschiedene Arten, auf Gott zu hören. Die Kirche hat über Jahre hinweg gute Leitlinien entwickelt, die nötig sind, um herauszufinden, ob und wann ein Christ wirklich die Stimme Gottes hört oder sie vielleicht mit den eigenen Wünschen oder den von außen kommenden Versuchungen verwechselt. Einige von den wichtigsten dieser Leitlinien möchten wir hier aufführen:

Woran erkennen wir, was Gottes Stimme ist?

1. *Steht das, was Sie gehört haben, im Einklang mit der Schrift?* Wenn ja, kann es Gottes Stimme sein. Wenn nicht, sollten Sie sich davon verabschieden.
2. *Verstärkt das, was Sie gehört haben, den Glauben, die Hoffnung und die Liebe in Ihnen oder anderen Menschen?* Wenn die Antwort Ja lautet, kann es sich um ein Wort Gottes handeln.
3. *Zieht das, was Sie gehört haben, Sie näher zu Gott hin oder eher von ihm weg?*
4. *Wenn Gott Ihnen etwas gesagt hat, das für jemand anderen bestimmt ist: Dient es dazu, ihn aufzubauen, zu ermutigen oder zu trösten* (1. Korinther 14,3)? Wenn dies nicht der Fall ist, haben Sie nicht das Recht, es weiterzugeben.
5. *Steht das, was Sie gehört haben, im Einklang mit dem, was Gott Ihnen Ihrer Meinung nach schon zu früheren Gelegenheiten gesagt hat?*
6. *Sind Sie bereit, das Gesagte dem Urteil anderer Christen zu unterwerfen?*

Wie wir mit den Gefühlen umgehen

Emotionen und Gefühle sind Teil unseres Menschseins und darum auch Teil unseres Gebetslebens und unserer Beziehung zu Gott. Im Leben der meisten Christen gibt es zumindest ab und zu Zeiten, in denen sie die Gegenwart Gottes sehr stark empfinden. Sie spüren einen inneren Frieden, Wärme, Freude und Sicherheit. Diese Zeiten sind Geschenke Gottes, die wir dankbar wahrnehmen und genießen sollten. Ebenso häufig kommt es vor, dass Menschen das Gefühl haben, Gott sei, zumindest zum Teil, unnahbar und weit entfernt.

Dann wird das Beten zu einer trockenen Routine, wird schwierig und anstrengend. Manchmal liegen die Gründe auf der Hand: Man ist frisch verliebt, trauert oder ein Umzug steht an; all dies sind Dinge, die mit starken Emotionen verbunden sind. Es kann aber auch sein, dass kein sichtbarer Grund vorhanden ist. Unzählige Christen aller Jahrhunderte geben dazu den weisen Rat, nicht aufzugeben. Es ist wichtig, auch in diesen zähen und schwierigen Zeiten ohne sichtbare Zeichen der Gegenwart Gottes durchzuhalten und nicht nachzulassen in den regelmäßigen Gebetszeiten und im Gottesdienstbesuch. Gott möchte, dass wir ganz neu lernen zu glauben, zu vertrauen und beharrlich zu sein. Wenn diese Phase allerdings zu lange anhält, dann ist es ratsam, das Gespräch zu suchen, entweder mit einem befreundeten Christen, dem man vertraut, oder mit dem Pfarrer.

Wie wir mit den Antworten auf unsere Gebete umgehen

Die Bibel macht uns Mut, für viele verschiedene Dinge zu beten: für Regierungen und die Mächtigen; dafür, dass das Reich Gottes auf der Erde Gestalt annimmt; für alle, die krank sind und Sorgen haben; für die Pfarrer und die Kirche in der ganzen Welt; und für unsere Feinde oder diejenigen, mit denen wir nicht so gut zurechtkommen.

Oft stimmen wir dabei ein in die Gebete, die in den Kirchen rund um die Welt für bestimmte Situationen und Geschehnisse gesprochen werden. In vielen Fällen geht es um dramatische Notstände in der Welt und wir sehen nicht, ob unsere Gebete eine Wirkung haben. Aber wir beten im Gehorsam und in dem Vertrauen darauf, dass ein ernsthaftes Gebet auf irgendeine Art einen Unterschied macht.

Ist der Gegenstand unseres Gebetes in unserer Nähe, dann können wir schon eher miterleben, dass unser Beten etwas bewirkt, sowohl im Leben der Menschen um uns herum als auch in unserem eigenen. Die Antworten auf Gebete mögen anderen wie ein bloßer Zufall erscheinen – aber sobald wir aufhören zu beten, hören auch die Zufälle auf! Es ist gut, anderen Christen zu erzählen, wo Gebete erhört worden sind. Das stärkt unseren eigenen Glauben und auch den von anderen.

Allerdings werden nicht alle unsere Gebete erhört, denn beten funktioniert nicht einfach so wie die Wünsche einer guten Fee. Vielleicht müssen wir dann noch einmal darüber nachdenken, worum wir gebeten haben. „Gott, bitte schenk, dass ich im Lotto gewinne!" „Gott, ich weiß, dass er verheiratet ist, aber bitte mach, dass er mich zu einem Drink einlädt!" „Gott, bitte lass das Finanzamt dieses Jahr nicht so genau hingucken!" – solche Gebete sollten wir uns auf jeden Fall verkneifen. Aber manchmal sind es auch gute und aufrichtige Gebete, die wir für geliebte Menschen oder für uns selbst sprechen, die nicht erhört werden: Menschen, die uns nahestehen, müssen Schreckliches erleiden oder liegen im Sterben und Gott scheint nichts dagegen zu tun.

In solchen Augenblicken sind wir Gott böse. Wir möchten ihn anklagen und vor allem fragen: „Warum?" Wie bei jedem guten Freund ist auch hier Aufrichtigkeit besser als Höflichkeit. Das Buch der Psalmen ist voll von Gebeten, die alle nur möglichen menschlichen Gefühle gegenüber Gott zum Ausdruck bringen: Ärger, Hass gegenüber anderen, Neid, Einsamkeit und tiefe Verletzungen und Leid. Es sind nicht immer „nette" Gefühle, aber wenn es das ist, was wir fühlen, müssen wir sie gegenüber Gott in Worte fassen können und sie bisweilen auch mit anderen Menschen besprechen.

Und schließlich sind wir manchmal selbst die Antwort auf unsere Gebete. Was macht es für einen Sinn, für das Wohlergehen unserer Eltern oder unserer Kinder zu beten, und sie dann selbst zu vernachlässigen? Oder für Menschen in Armut zu beten und selbst nicht bereit zu sein, etwas dagegen zu tun, etwas zu geben oder so einzukaufen, dass es den Armen ganz praktisch hilft? Oder um einen Leiter für die Jugendgruppe der Gemeinde zu bitten und nicht im Blick zu haben, dass Gott Sie selbst dazu berufen könnte?

Wie wir in die Tiefe gehen können

Es gibt eine Menge Bücher und Ratgeber, mit deren Hilfe Sie sich tiefer in die verschiedenen Arten des Gebetes einarbeiten können. Vielleicht bietet auch Ihre Gemeinde entsprechende Kurse an. Eine gute Möglichkeit, das eigene Gebetsleben zu vertiefen, finden Sie auf jeden Fall im Rhythmus des Kirchenjahres. Besonders die Passions- und Adventszeit bietet sich dafür an, also die Wochen vor

Ostern und Weihnachten. Viele Christen nehmen auch an gelegentlich stattfindenden Tagen der Stille oder verschiedenen Einkehrtagen teil und bekommen dort Hilfe und Anweisungen. Es kann auch hilfreich sein, das Thema ab und zu mit dem Pfarrer oder einem Seelsorger zu besprechen. Und vielleicht ist es für Sie auch gut und hilfreich, sich regelmäßig mit ein oder zwei anderen Christen zu treffen und entweder nach einer vorgegebenen Form oder in eigenen Worten gemeinsam zu beten. Es gibt viele Wege, um sich weiterzuentwickeln. Wichtig ist nur, dass man in Bewegung bleibt und immer weiterwächst in dieser wichtigsten aller Beziehungen: der Beziehung zu dem allmächtigen Gott, dem Vater und dem Sohn und dem Heiligen Geist.

Texte und Gebete

Herr, ich bin nicht hochmütig und schaue nicht auf andere herab. Ich maße mir nicht an, deine Geheimnisse und Wunder zu ergründen. Ich bin zur Ruhe gekommen. Mein Herz ist zufrieden und still. Wie ein Kind in den Armen seiner Mutter, so ruhig und geborgen bin ich bei dir.
Psalm 131,1-2

„Hört auf!“, ruft er, „und erkennt, dass ich Gott bin! Ich stehe über den Völkern; ich habe Macht über die ganze Welt.“
Psalm 46,11

Reflexionen zum Gebet

Dein Gebet wird unendlich viele Formen haben,
denn es ist das Echo deines Lebens
und spiegelt das unerschöpfliche Licht wider,
in dem Gott wohnt.

Manchmal wirst du schmecken und sehen, wie gut der Herr ist.
Dann freu dich und gib ihm die Ehre,
denn seine Güte ist ohne Maßen groß.
Manchmal wirst du dich ausgetrocknet und freudlos fühlen,
wie verdorrtes Land oder ein ausgetrockneter Brunnen.
Dann werden dein Durst und deine Hilflosigkeit
zum Besten aller Gebete,
wenn du sie mit Geduld trägst
und in Liebe annimmst.
Manchmal wirst du im Gebet die unendliche Ferne spüren,
die zwischen dir und Gott ist;
manchmal wird dein ganzes Sein
sich mit seiner Fülle in einem Strom vereinen.
Manchmal werden allein
dein Leib und deine Augen beten können;
manchmal wird dein Gebet jenseits
aller Worte und Bilder sein;
manchmal wirst du alles hinter dir lassen
und dich ganz auf sein Wort konzentrieren können.
Manchmal wirst du nichts anderes tun können,

als dein ganzes Leben und alles, was in dir ist,
zu nehmen und vor Gott zu legen.
Jede einzelne Stunde hat ihre ganz eigenen Möglichkeiten
sich in ein wahrhaftiges Gebet zu verwandeln.

Mach dich auf und suche das Gebet,
immer und immer wieder neu.
Rule for a New Brother

Ein Herzensgebet, zu wiederholen, bis es fließt wie der eigene Atem
Herr Jesus Christus, Sohn des lebendigen Gottes,
sei mir Sünder gnädig.

Herr, mach mich zum Werkzeug deines Friedens;
dass ich Liebe schenke, wo Hass regiert,
dass ich Versöhnung bringe, wo Streit ist,
dass ich Glauben säe, wo Zweifel herrscht,
dass ich Hoffnung schenke, wo Verzweiflung regiert,
dass ich Licht bringe, wo Finsternis ist,
dass ich Freude säe, wo Traurigkeit herrscht.
O heiliger Herr, hilf mir, dass ich mich danach sehne
zu trösten, statt getröstet zu werden,
zu verstehen, statt verstanden zu werden,
zu lieben, statt geliebt zu werden.
Denn wer gibt, der wird empfangen,
wer vergibt, dem ist vergeben,
und wer stirbt, der wird neu geboren zum ewigen Leben.
Zugeschrieben Franz von Assisi

Dank sei dir,
Herr Jesus Christus,
für allen Segen und alles Gute,
das du mir geschenkt hast;
für alles Leid und alle Schmach,
die du für mich getragen hast.
O du barmherziger Freund,
mein Bruder und Erlöser,
immer besser möchte ich dich kennen,

immer mehr dich lieben
immer näher dir folgen,
jeden Tag neu.
Richard von Chichester

Christus sei mit mir, Christus sei in mir,
Christus sei hinter mir, Christus sei vor mir,
Christus sei neben mir, Christus, mein Gewinn.
Christus, du tröstest mich und richtest mich auf.
Christus sei unter mir, Christus sei über mir,
Christus sei mit mir in Ruhe und mit mir in Gefahr,
Christus sei im Mund von Freunden und Fremden,
Christus, gewinne die Herzen all derer, die mich lieben.
Inschrift auf dem Brustharnisch Patricks von Irland

Geh uns voran, Herr, in allem, was wir tun,
verlass uns nicht mit deiner unendlichen Zuwendung
und sei da mit deiner unablässigen Unterstützung,
damit wir deinen heiligen Namen verherrlichen
in allem, was wir tun
und was in dir begonnen, weitergeführt und vollendet wird.
Und lass uns am Ende durch deine Gnade das ewige Leben empfangen;
durch Jesus Christus unseren Herrn.
The Christian Year: Collects and Post Communion Prayers for Sundays and Festivals (Fourth Sunday Before Lent)[4]

Gott, sei in meinem Verstand und in dem, was ich verstehe.
Sei in meinen Augen und in dem, was ich anschaue.
Sei in meinem Mund und in dem, was ich sage.
Sei in meinem Herzen und in dem, was ich denke.
Sei da am Ende meiner Tage, wenn ich gehen muss.
The Sarum Primer

---

4 „The Christian Year“ ist ein Gebetbuch für die verschiedenen Anlässe des Kirchenjahres. – *Anm. d. Übers.*

Sei die helle Flamme, die vor mir hergeht,
sei der Leitstern, der über mir leuchtet,
sei der Weg, der sich unter mir ausbreitet,
sei der freundliche Hirte, der hinter mir hergeht,
Heute Morgen, heute Abend und in Ewigkeit.
Columban von Iona

Danksagung

Allmächtiger Gott, du barmherziger Vater,
unwürdige Diener sind wir
und bringen dir demütig und von ganzem Herzen
unseren Dank
für all das Gute und die liebevolle Freundlichkeit,
mit der du uns und alle Menschen beschenkst.
Du bist heilig, denn du hast uns geschaffen,
du erhältst uns und beschenkst uns immer wieder neu;
wir loben dich von ganzem Herzen
für die unfassbar große Liebe,
die du uns geschenkt hast durch Jesus Christus,
der die Welt erlöst hat;
und wir preisen dich für das Geschenk der Gnade
und für die Hoffnung auf deine Herrlichkeit.
Wir bitten dich, lass uns erkennen, wie groß deine Gnade ist,
damit wir tief in unseren Herzen aufrichtig dankbar sind
und dein Lob immer und überall bekunden.
Nicht nur mit unseren Lippen wollen wir dies tun,
sondern mit unserem ganzen Leben.
Wir wollen uns selbst ganz in deinen Dienst geben
und vor dir stehen
in Heiligkeit und Rechtschaffenheit alle Zeit.
Das bitten wir durch Jesus Christus, unseren Herrn.
Ihm und dem Vater und dem Heiligen Geist
sei Ehre und Herrlichkeit,
jetzt und in Ewigkeit. Amen.
Common Worship: Daily Prayer

Gebet

Gebet – Festmahl der Kirche, Engelszeit.
Gottes Atem im Menschen, zurückkehrend zu seiner Geburt.
Die Seele malt, das Herz pilgert.
Christliches Senkblei, Echolot zwischen Himmel und Erde.
Kraftquelle vom Allmächtigen, Fluchtburg des Sünders.
Gegendonner, Speer, der Christi Seite öffnet.
Die alte sechs-Tage-Welt verwandelnd in einer Stunde.
Eine Art Melodie, von allem, was ist, gehört und gefürchtet.
Sanftheit und Friede und Freude und Liebe und Glück.
Erhabenes Manna, Freude am Guten,
Himmel im Alltäglichen, Menschen gut umkleidend.
Milchstraße und Paradiesvogel
Kirchenglocken, jenseits der Sterne gehört
Seelenblut, Land der Gewürze.
Immerhin etwas verstanden.
George Herbert

4. DIE BIBEL ERFORSCHEN

Dein Wort ist wie ein Licht in der Nacht, das meinen Weg erleuchtet.
Psalm 119,105

Heiliger Gott,
du hast uns die Heilige Schrift geschenkt,
damit wir lernen.
Hilf uns dabei, auf ihre Worte zu hören,
sie zu lesen, in uns aufzunehmen, von ihr zu lernen
und sie ganz tief in uns zu begreifen,
damit wir mit Geduld und durch den Trost
deines heiligen Wortes
die Hoffnung auf das ewige Leben,
das du uns durch unseren Erlöser Jesus Christus geschenkt hast,
in uns aufnehmen und daran festhalten können.
The Christian Year: Collects and Post Communion Prayers for Sundays and Festivals (Last Sunday after Trinity)

Die Bibel ist ein einzigartiges Buch – nicht nur für uns Christen, sondern auch im Kontext der gesamten Weltgeschichte. Die Schriften der Hebräischen Bibel bilden unser Altes Testament, und für den Islam sind sowohl das Alte als auch das Neue Testament heilige Bücher. Die drei großen Weltreligionen haben dazu beigetragen, dass die Schrift viele Aspekte der Weltgeschichte und -kultur beeinflusst hat und dies bis heute tut.

Für den einzelnen Christen und für die Kirche hat die Bibel eine herausragende Bedeutung. Die Bibel selbst sagt, dass alles, was in ihr geschrieben steht, von Gott inspiriert, „von Gott eingegeben" ist, und die Kirche bestätigt dies. Auf einzigartige Weise kommuniziert Gott in dieser Sammlung von Büchern seine Liebe und die gute Nachricht, dass alle Menschen in alle Ewigkeit erlöst sind. Bis heute lässt Gott die Bibel lebendig werden, wenn man in Gottesdiensten und beim Bibelstudium in ihr liest. So will er die Gemeinschaft der Christen aufbauen, herausfordern, lehren und trösten.

Die Heilige Schrift ist Teil unseres christlichen Erbes. Sie ist auch eine reiche und notwendige Quelle auf unserem Weg mit Christus. Als Christen müssen wir etwas über die Bibel wissen und uns darum bemühen, die darin verborgenen Schätze zu heben – allein für uns selbst und gemeinsam mit anderen.

Eine Bibliothek mit verschiedenen Büchern

Heute ist die Bibel ein einziges Buch. Man kann sie in die Hand nehmen und mit sich herumtragen. Tatsächlich gleicht sie aber eher einer Bibliothek als einem einzelnen Buch. Wie Sie in Ihrer Stadtbibliothek Bücher der verschiedensten Sorte finden, so sind auch die Bücher der Bibel sehr unterschiedlich. Vielleicht haben Sie ja noch nie darüber nachgedacht, aber machen Sie sich einmal bewusst, dass wir verschiedene Bücher auf verschiedene Art lesen. Bei einem Roman oder einem Geschichtsbuch beginnen wir auf der ersten Seite und erwarten, dass die Erzählung uns bis zur letzten Seite unterhält bzw. interessiert. Wir würden nicht auf den Gedanken kommen, mit einer Enzyklopädie, einem Koch- oder Gesetzbuch ebenso zu verfahren. Bei der Bibel verhält es sich nicht anders: Es gibt natürlich einen roten Faden und eine Geschichte, die sich durch die ganze Schrift zieht, aber wir sollten die verschiedenen Bücher auf verschiedene Art lesen.

Schauen Sie zuerst einmal in das Inhaltsverzeichnis Ihrer Bibel. In dem Bereich „Altes Testament“ finden Sie 39 Bücher. Sie wurden über einen Zeitraum von mehr als 1000 Jahren zunächst mündlich überliefert und schließlich aufgeschrieben und erzählen die ereignisreiche Geschichte des Volkes Israel vom 2. Jt. bis zum 2. Jh. v. Chr. In den meisten Bibeln findet sich entweder vorne oder hinten eine Zeittafel, die die wichtigsten Zeiträume der Geschichte Israels auflistet, und auch einige Karten, die Ihnen eine Vorstellung von den geografischen Verhältnissen der damaligen Zeit vermitteln. Die Bücher des Alten Testamentes wurden auf Hebräisch verfasst, durchmischt mit etwas Aramäisch. Neben der Geschichte des Volkes Israel enthalten sie auch dessen Gesetze, Lieder und Gesänge, Sprichwörter, Geschichten und Gleichnisse und einen großen Teil der Schriften der Propheten. Aus christlicher Sicht sind die Bücher des Alten Testamentes auf das Kommen Jesu Christi ausgerichtet und bereiten ihm den Weg.

Das Neue Testament umfasst 27 Bücher, viele von ihnen sind allerdings sehr kurz. Es ist in dem weit kürzeren Zeitraum von ungefähr 100 Jahren verfasst worden, und zwar auf Griechisch, der damals im Römischen Reich üblichen Sprache. Bis auf zwei Bücher fallen alle entweder unter die Kategorie Evangelien oder Briefe. Die Evangelien sollen uns die Geschichte Jesu erzählen. Allerdings nicht seine Lebensgeschichte, denn mit einigen Ausnahmen ist nur von den letzten zwei Jahren die Rede. Es geht um die Geschichte seines Wirkens und Lehrens, seines Todes und seiner Auferstehung. Die Briefe richteten sich an die über die ganze damalige Welt verstreut lebenden christlichen Gemeinden, um sie auf ihrem Weg als Christen zu begleiten und zu unterweisen. Die Apostelgeschichte berichtet über die ersten Jahre der frühen Kirche. Und die Offenbarung ganz am Ende des Neuen Testamentes wurde geschrieben, um uns Christen aller Generationen die geistlichen Wahrheiten und Realitäten hinter den oft so beunruhigenden Ereignissen in der Welt und der menschlichen Gesellschaft sichtbar zu machen.

Die Sammlung der alttestamentlichen Texte bekam die frühe Kirche als Erbe des jüdischen Volkes mit auf den Weg. Einige Bibeln enthalten noch eine Reihe von Büchern, die zwischen Altem und Neuem Testament zu finden sind (so etwa die Lutherbibel). Man nennt sie Apokryphen oder Deuterokanonische Schriften. Sie wurden nicht in den Kanon der Hebräischen Bibel, wohl aber in den katholischen aufgenommen. Sie gelten als untergeordnet, werden aber bis heute für besonders und nützlich erachtet.

Welche Bibel ist richtig?

Sie sollten darauf achten, zum Bibellesen eine Übersetzung in zeitgemäßer Sprache auszuwählen. Bibeln, die über Generationen vererbt wurden, oder auch solche, die man als Konfirmationsgeschenk bekommen hat, sind häufig alte Fassungen: Sie sind gut und hilfreich, um ab und zu etwas nachzuschlagen, aber wenig geeignet für den täglichen Gebrauch. Ihre Bibel sollte eine Weile halten und leicht und handlich sein, um sie gut zu allen möglichen Gelegenheiten mitnehmen zu können. Vielleicht möchten Sie auch gerne eine Bibel mit Textverständnishilfen, einer Einleitung zu den verschiedenen Büchern oder einem Bibelleseplan. Achten Sie aber darauf, dass es sich um eine Übersetzung aus den Originalsprachen handelt, die den Originalinhalt nah am Text wiedergibt, und nicht um eine freie Übertragung, die nur die Bedeutung des Textes in Worte fasst. Wenn Sie Fragen haben, bitten Sie jemanden in Ihrer Gemeinde um Hilfe oder erkundigen Sie sich in einem christlichen Buchladen.

Irrt die Bibel nie?

Einig sind sich die Christen darüber, dass die Schrift von Gott inspiriert und maßgebend ist für den christlichen Glauben und die christliche Praxis. Manche gehen aber noch weiter. Sie glauben, dass die Bibel historisch und wissenschaftlich gesehen von der ersten bis zur letzten Seite wahr ist und an keiner Stelle irrt. In den Glaubensbekenntnissen und auch in den Grundsatzartikeln der anglikanischen Kirche ist diese Sicht nicht zu finden. Wenn Sie in der Bibel lesen, werden Sie vielmehr merken, dass sie, obwohl von Gott eingegeben, ein sehr menschliches Buch ist. Diverse Autoren und Gruppierungen haben in den verschiedenen Strängen der Schrift ihre ganz eigenen kulturellen Voraussetzungen und Standpunkte eingebracht. Manchmal werden an verschiedenen Stellen der Bibel unterschiedliche Perspektiven ein und derselben Sache dargestellt. Einzelne Teile mindestens des Alten Testamentes sind vollendet oder überholt durch das, was später geschieht, vor allem durch das Kommen Christi. Manche Teile sind historisch und wissenschaftlich nicht in jedem Detail haltbar und erheben auch gar nicht den Anspruch, es zu sein. Ihre Botschaft ist eine ganz andere.

Gott war und ist in diesen alten und sehr menschlichen Texten am Werk – das ist eine Wahrheit, die für Christen keine Überraschung sein sollte. Im Zentrum des christlichen Glaubens steht die Tatsache, dass der allmächtige Gott Mensch geworden ist und die Menschheit verändert hat. Wir glauben, dass Gott durch unseren Glauben im Abendmahl am Werk und gegenwärtig ist in Brot und Wein, die von Menschen gemacht sind. Auch in der Kirche ist Gott durch seine Gnade gegenwärtig und handelt, auch wenn die Kirche nur allzu menschlich und unvollkommen ist. Christen glauben also, dass Gott durch die Bibel auf einzigartige Weise in unser Leben hineingesprochen hat und dies immer noch tut. Es gibt nur einen Weg, um diese Behauptung zu testen: Sie müssen darauf vertrauen und Gottes Wort durch die Bibel selbst erfahren.

Wo fange ich an?

Wenn Sie die Bibel noch nicht gut kennen und gerne anfangen würden, sich mit ihr zu beschäftigen, sollten Sie zwei Dinge unbedingt vermeiden: Lassen Sie sich nicht dazu verleiten, die Bibel per Zufallsgenerator zu benutzen, indem Sie sie jeden Tag irgendwo zufällig aufschlagen und lesen, was Sie dort finden. Versuchen Sie auch nicht, beim 1. Buch Mose anzufangen und sie bis zur Offenbarung durchzulesen. Wer das probiert hat, ist meistens nicht weiter als bis zur Hälfte des 2. Buches Mose gekommen. In vielen Bibeln finden Sie einen Leseplan, der hilfreich für alle ist, die sich in der Bibel noch nicht gut auskennen.

Bibel lesen …

… nach einem Bibelleseplan

Die Bibeltexte im Sonntagsgottesdienst richten sich sehr wahrscheinlich nach der sogenannten Perikope: einem von der Kirche vorgegebenen Plan für die Bibellesungen an Sonntagen. Sie können Ihre eigenen Bibellesezeiten gut mit den Texten und Predigten der Sonntage verbinden, indem Sie die Texte während der folgenden Woche noch einmal lesen und weiter darüber nachdenken.

… mit Bibellese-Hilfen

In einigen christlichen Verlagen sind Bücher mit Bibellese-Hilfen erschienen, um Christen das persönliche Bibellesen zu erleichtern. Auch diese können Sie gut für Ihre tägliche Gebetszeit nutzen. Manche arbeiten ohne Datum und folgen bestimmten Themen. Andere geben für jeden Tag bestimmte Bibelpassagen vor und erscheinen in einem vierteljährlichen Takt.

... mit einem Partner

Wenn Sie es nicht gewohnt sind, haben Sie sicherlich Fragen zu dem, was Sie in der Bibel lesen. Deshalb kann es hilfreich sein, sie während der ersten Zeit gemeinsam mit jemandem zu lesen, der schon länger Christ ist. Sie können sich dazu zum Beispiel einmal im Monat verabreden. Am besten überlegen Sie vorher zusammen, was Sie lesen wollen, damit Sie in Ihren eigenen Bibellesezeiten alle Gedanken und Fragen aufschreiben und diese dann mit Ihrem Partner durchsprechen können.

... in einer Kleingruppe

Viele Kirchen und Gemeinden haben Hauskreise oder Kleingruppen, in denen das gemeinsame Bibellesen eine zentrale Rolle spielt. Sie werden feststellen, dass es für Ihre Beschäftigung mit der Bibel hilfreicher ist, wenn Sie dies in einer Gruppe von Christen tun, die versucht, aus der Bibel zu lernen und das Gelesene in die Praxis umzusetzen.

Wie höre ich Gottes Stimme durch die Schrift?

Reflektierendes Lesen (mit Notizen)

- Bitten Sie Gott darum, durch sein Wort zu Ihnen zu sprechen.
- Lesen Sie die ausgewählte Bibelstelle aufmerksam Wort für Wort. Wenn Sie einen Kommentar benutzen, lesen Sie diesen als Denkanstoß ebenfalls.
- Stellen Sie sich folgende drei einfachen Fragen zu dem Text: Was lerne ich über Gott? Über mich selbst? Über das Leben als Christ?
- Nehmen Sie sich ein wenig Zeit, um auf Gott zu hören und darüber nachzudenken, was er Ihnen zu sagen hat.
- Nun können Sie all das im Gebet vor Gott bringen, was Sie sonst noch beschäftigt.

Meditieren eines einzelnen Verses

- Wählen Sie einen passenden Vers aus.
- Bereiten Sie sich mit einer Zeit der Stille auf das Gebet vor.
- Sprechen Sie den Vers langsam einige Minuten lang immer wieder, bis er beginnt, wie von selbst aus Ihnen herauszufließen. Denken Sie dann über seinen Kontext nach. Wenn es sich um ein

Gebet handelt, richten Sie sich direkt an Gott. Sind es Worte von Gott, dann stellen Sie sich vor, dass er sie direkt in Ihr Herz und in Ihr Leben spricht.

- Nehmen Sie sich das erste Wort oder die erste Phrase vor. Wenden Sie es hin und her und betrachten es von allen Seiten. Was könnte es bedeuten? Geben Sie Gott Raum, um zu Ihnen zu sprechen.
- Wenn Sie das Gefühl haben, das Wort oder die Phrase in ihrer Tiefe verstanden zu haben (das kann nach ein paar Minuten oder auch ein paar Tagen sein), nehmen Sie sich das nächste vor. Wenn Sie spüren, dass Gott beginnt, zu Ihnen zu sprechen, dann lassen Sie Ihre eigenen Methoden los und folgen seiner Führung.

Szenische Betrachtung

Diese Form des Hörens ist besonders gut geeignet für Texte aus den Evangelien.

- Wählen Sie eine Textpassage aus einer Gebetszeit der vergangenen Tage, am besten die vom Tag zuvor. Lesen Sie den Text mehrere Male durch.
- Nehmen Sie sich eine Zeit der Stille und machen Sie sich bewusst, wie sehr Sie von Gott geliebt sind.
- Stellen Sie sich nun die Szene der Textpassage bildhaft vor. Wie sieht der Ort des Geschehens aus? Setzen Sie alle Ihre Sinne ein. Was können Sie sehen, hören, riechen, schmecken und fühlen?
- Stellen Sie nun die handelnden Personen in diese Szene hinein. Was denken sie voneinander? Wo befinden Sie selbst sich in der Szene und auf wessen Seite stehen Sie?
- „Spielen" Sie die Szene in Ihrer Fantasie so langsam wie möglich durch. Hören Sie aufmerksam zu, umso mehr bei den Worten, die Jesus spricht oder die an ihn gerichtet sind. Was fühlen Sie selbst, besonders in Bezug auf Jesus?
- Treffen Sie sich, nachdem die Szene zu Ende ist, ganz allein mit Jesus. Hören Sie auf das, was er Ihnen zu sagen hat. Erzählen Sie ihm von Ihren Gefühlen.

Texte und Gebete

Denn die ganze Heilige Schrift ist von Gott eingegeben. Sie soll uns unterweisen; sie hilft uns, unsere Schuld einzusehen, wieder auf den richtigen Weg zu kommen und so zu leben, wie es Gott gefällt.
2. Timotheus 3,16

In der Heiligen Schrift ist alles enthalten, was für die Erlösung nötig ist. Was also die Schrift nicht sagt und was sie nicht belegt, das muss auch keiner als Anweisung des Glaubens befolgen und das ist nicht notwendig, um die Erlösung zu erlangen. Wir verstehen die kanonischen Bücher des Alten und Neuen Testamentes als Heilige Schrift, an deren Autorität die Kirche nie den geringsten Zweifel gehegt hat.
The Book of Common Prayer, Article VI of the Articles of Religion

Gottes Wort ist voller Leben und Kraft. Es ist schärfer als die Klinge eines beidseitig geschliffenen Schwertes; dringt es doch bis in unser Innerstes, bis in unsere Seele und unseren Geist, und trifft uns tief in Mark und Bein. Dieses Wort ist ein unbestechlicher Richter über die Gedanken und geheimsten Wünsche unseres Herzens.
Hebräer 4,12

> Gott, unser Herr,
> du nährst uns mit dem lebendigen Brot des Himmels;
> du erneuerst unseren Glauben,
> lässt unsere Hoffnung wachsen
> und stärkst unsere Liebe.
> Lehre uns zu hungern
> nach Jesus Christus, der das wahre und lebendige Brot ist,
> und von jedem der Worte zu leben,
> die aus deinem Mund kommen,
> durch Christus, unseren Herrn.
> *New Patterns for Worship*

Das Wort Gottes ist zuerst und vor allem als Anstoß zu Besinnung und Meditation zu verstehen. Statt die Texte in ihre Einzelteile zu

zerlegen, sollten wir sie tief in uns zusammenfließen lassen. Statt uns damit zu beschäftigen, ob wir ihrer Meinung sind oder nicht, sollten wir das entdecken, was uns ganz persönlich anspricht und etwas mit unserer ganz eigenen Geschichte zu tun hat. Statt die Worte als potenziellen Inhalt einer interessanten Diskussion oder eines Aufsatzes zu sehen, sollten wir bereit sein, sie in die verborgensten Winkel unseres Herzens eindringen zu lassen, selbst dorthin, wo vor ihnen noch nie etwas Einlass gefunden hat. Dann, und nur dann kann das Wort Früchte tragen, weil es in gute Erde gesät ist. Nur dann können wir „hören und verstehen" (Matthäus 13,23).
Henri Nouwen, Reaching Out

Ein Lied über das Wort Gottes
Sucht den Herrn, solange er sich finden lässt! Betet zu ihm, solange er euch nahe ist!
Hast du dich gegen Gott aufgelehnt? Bist du eigene Wege gegangen und eigenen Plänen gefolgt? Dann hör auf damit! Kehr deinem alten Leben den Rücken, und komm zum Herrn! Er wird sich über dich erbarmen. Unser Gott vergibt uns, was auch immer wir getan haben.
Er sagt: „Meine Gedanken sind nicht eure Gedanken, und meine Wege sind nicht eure Wege. Denn wie der Himmel die Erde überragt, so sind auch meine Wege viel höher als eure Wege und meine Gedanken als eure Gedanken.
Denkt an den Regen und den Schnee! Sie fallen vom Himmel und bleiben nicht ohne Wirkung: Sie tränken die Erde und machen sie fruchtbar; alles sprießt und wächst. So bekommt der Bauer wieder Samen für die nächste Aussaat, und er hat genügend Brot. Genauso ist mein Wort: Es bleibt nicht ohne Wirkung, sondern erreicht, was ich will, und es führt das aus, was ich ihm aufgetragen habe."
Jesaja 55,6-11

Die meisten Menschen fühlen sich unbehaglich, wenn sie in der Bibel auf Stellen stoßen, die sie nicht verstehen; ich meinerseits stelle immer wieder fest, dass mich die Stellen am meisten stören, die ich verstehe.
Mark Twain

Brich du das Brot des Lebens,
oh Herr, für mich,
wie du gebrochen hast das Brot
am See so brüderlich.
In deinen heil'gen Seiten
ich suche dich, oh Herr,
voll Sehnsucht ist mein Geist,
du bist das Wort, Lebendiger.

Gesegnet sei die Wahrheit,
oh Herr, gewähr es mir,
gleich wie das Brot gesegnet war,
am See von dir;
dann fällt, was mich gebunden,
all Fesseln sind dahin.
Ich werde Frieden finden,
du bist mein einziger Gewinn.
Mary A. Lathbury, Break Thou the Bread of Life

5. NAHRUNG FÜR DIE REISE

Eines ist großartig an den Sakramenten, und das sollte man sich immer wieder bewusst machen: Gott ist grundsätzlich immer dabei.
Richard Giles

Doch wer dieses Brot isst, wird für immer leben.
Johannes 6,58

In der Nacht vor seinem Tod teilte Jesus ein Mahl mit seinen Freunden. Die Worte, die er bei diesem Mahl sprach, sind geheimnisvoll und wunderbar. Er brach ein Stück Brot und sagte, dies sei sein Leib. Er nahm den Kelch mit Wein und sagte, dies sei sein Blut. Und darauf folgte eine Aufforderung an alle Christen: Tut dies immer dann, wenn ihr in meinem Namen versammelt seid.

Ein Gleichnis der Gnade

Christen haben dieses letzte Gebot Jesu über alle Jahrhunderte hinweg treu befolgt. Die Bezeichnungen mögen unterschiedlich sein, die einen nennen es Abendmahl, die anderen Eucharistie oder heilige Kommunion. Eigentlich aber tun wir in allen Konfessionen das gleiche: Wir nehmen, segnen und teilen Brot und Wein im Gedächtnis an Leiden, Tod und Auferstehung Jesu Christi. Denn wenn wir im Abendmahl Brot brechen und Wein ausgießen, erinnert uns das nicht nur lebhaft an Jesu Weg zum Tod, sondern auch daran, dass wir dazu berufen sind, eucharistische Menschen zu sein. Hier und heute möchte Gott uns annehmen und uns segnen in all unserer Gebrochenheit, damit unser Leben ihm zur Ehre dient.

So gesehen ist das Abendmahl ein immer wieder gelebtes Gleichnis. Es hilft uns dabei, die Bedeutung des Todes Jesu zu verstehen und zu begreifen, wie Gott uns zu einem opferbereiten Leben beruft. Deshalb drückt die Bezeichnung *Eucharistie*[5] sehr gut aus, was gemeint ist. *Eucharistie* bedeutet „danke".

Ein Sakrament der Liebe

Die Kirche bezeichnet das Abendmahl auch als Sakrament oder Zeichen der Liebe Gottes. In „The Book of Common Prayer"[6] wird ein Sakrament als „äußerliches und sichtbares Zeichen einer inneren geistlichen Gnade" beschrieben. Das Abendmahl und die Taufe sind die zwei großen, von Jesus selbst eingesetzten Sakramente der christlichen Kirche.

Viele Christen kennen noch fünf weitere Sakramente: die Konfirmation, die Ordination, die Eheschließung, die Beichte und die Krankensalbung.

Sie haben sich im Laufe der Kirchengeschichte entwickelt, um den verschiedenen Bedürfnissen der Menschen zu begegnen. Auch ihr Ursprung liegt im Wirken Jesu und in der apostolischen Lehre. Sie sollen Stärkung sein für den Lebensweg eines Christen. Bei der Konfirmation[7] sollen wir durch die Gabe des Heiligen Geistes gestärkt werden. Eheschließung und Ordination[8] sind bestimmte Berufungen von Gott für unseren Lebensweg. In Beichte und Krankensalbung sollen wir Frieden finden mit Gott: Vergebung, nachdem wir unsere Sünden bekannt haben; und Salbung, wo wir krank sind an Körper oder Geist.

In vielen Gemeinden ist der sonntägliche Hauptgottesdienst ein Abendmahlsgottesdienst. In anderen wird jeden Tag ein Abendmahlsgottesdienst angeboten[9]. Kern einer Abendmahlsfeier ist, Jesus im Sakrament zu empfangen. Paulus sagt: „Haben wir durch

---

5 Begriff für das Abendmahl in der römisch-katholischen und der anglikanischen Kirche. – *Anm. d. Übers.*

6 Vgl. S. 1, Anm. 1.

7 Dies entspricht in der katholischen Kirche der Firmung. – *Anm. d. Übers.*

8 Bzw. Priesterweihe in der katholischen Kirche. – *Anm. d. Übers.*

9 *Anm. d. Übers.*: Dies gilt für die anglikanische ebenso wie für die römisch-katholische Kirche. In den protestantischen Kirchen divergiert es stark.

das Brot, das wir brechen und gemeinsam essen, nicht Anteil an seinem Leib?" *(1. Korinther 10,16)*

Durch die Kraft des Heiligen Geistes und das Gebet der versammelten christlichen Gemeinde bekommen Brot und Wein im Abendmahl eine neue Bedeutung im Glauben: Wenn wir Brot und Wein zu uns nehmen, empfangen wir Jesus. Jesus, der uns versprochen hat, immer und überall bei uns zu sein *(Matthäus 28,20)*. Wir bekräftigen und erfahren voller Ehrfurcht, dass Jesus es ernst meinte, als er sagte: „Dies ist mein Leib, dies ist mein Blut, tut dies zu meinem Gedächtnis". Im Nehmen, Brechen und Teilen von Brot und Wein erleben wir seine Auferstehung, das Leben, das er für uns am Kreuz erworben hat.

Wir können unmöglich ganz verstehen oder greifen, wie genau Jesus präsent ist, wenn wir Brot und Wein empfangen. In den vergangenen Jahrhunderten ist viel gekämpft worden um das Verständnis des Abendmahls, und die Christen entzweiten sich über einem Thema, das sie eigentlich einen sollte. Es ist und bleibt ein Geheimnis, in welcher Form Jesus zu uns kommt, aber seine Gegenwart ist keinesfalls nur symbolisch. Wenn ich beim Abendmahl meine Hände ausstrecke, um das Brot in Empfang zu nehmen, dann wage ich zu glauben, mit dem Brot Jesus den Auferstandenen zu empfangen, der mich liebt und für mich gestorben ist. Deshalb nähere ich mich dem Tisch des Herrn mit Ehrfurcht, Dank und froher Erwartung, denn an diesem Ort kann ich mehr als irgendwo sonst gestärkt werden für mein Leben als Christ. Hier werde ich von Jesus gefüllt mit seinem Leben. Hier bekomme ich noch in meinem irdischen Leben das Brot des ewigen Lebens.

Deshalb sollte man sich gut auf das Abendmahl vorbereiten. Dabei helfen zum Beispiel vorformulierte Gebete. Manche Christen haben auch gelernt, als kleines, aber spürbares Zeichen dafür, dass es nichts gibt, was wir Christus vorziehen, eine Stunde vor dem Abendmahl nichts anderes mehr zu sich zu nehmen. Ebenfalls dazu gehört eine tiefe Dankbarkeit nach dem Mahl und ein Nachdenken darüber, wie ich anderen in meinem Alltag Christus nahebringen und das empfangene Leben in die Praxis umsetzen kann. Darüber hinaus vereint uns das Abendmahl nicht nur mit Christus, sondern auch miteinander: „Es gibt beim Abendmahl nur ein Brot. Und obwohl wir so viele sind, sind wir doch ein Leib, weil wir alle von dem einen Brot essen." *(1. Korinther 10,17)*

Um die Einheitlichkeit des Abendmahls und der christlichen Gemeinschaft zu schützen und sicherzustellen, dass daraus nicht eine Privatangelegenheit zwischen mir und Gott wird, kann in der anglikanischen und auch in den meisten anderen Kirchen ausschließlich ein ordinierter Pfarrer der Feier des Abendmahls vorstehen. Aus dem gleichen Grund hält es die anglikanische Kirche auch für wichtig, dass dabei die vorgegebene Abendmahlsliturgie gebetet wird. Die Gebete dieser Liturgie sind Ausdruck des Glaubens der Kirche über die Jahrhunderte hinweg und vereinen uns so nicht nur miteinander, sondern mit allen Christen, die vor uns gelebt haben.

Erinnerung und Verheißung

Das Abendmahl ist nicht nur ein Mahl der Gegenwart. Wenn wir uns um den Tisch des Herrn versammeln, schauen wir zurück und erinnern uns an die Geschichte unserer Schöpfung und Erlösung. Das letzte Abendmahl war ein Passahmahl, und so erinnern wir uns in einem christlichen Gottesdienst daran, wie Gott sein auserwähltes Volk aus der Sklaverei Ägyptens gerettet und in die Freiheit des verheißenen Landes geschickt hat. Wir erinnern uns an die Mahlzeiten, die Jesus mit seinen Jüngern geteilt hat, vor allem an diese besondere im Obergemach. Und zuallererst erinnern wir uns daran, dass Jesus für unsere Sünden am Kreuz gestorben ist: an das vollkommene Opfer, das er ein für alle Mal für die Sünden der ganzen Welt gebracht hat. Um es mit den Worten des großen Dankgebetes aus der Abendmahlsliturgie zu sagen:

> Am Kreuz hat er seine Arme weit geöffnet für uns;
> indem er für uns gestorben ist, hat er dem Tod ein Ende gesetzt;
> weil er auferstanden ist zu einem neuen Leben, hat er uns die Auferstehung geschenkt;
> so hat er deinen Willen erfüllt und dir ein neues heiliges Volk geschaffen.
> *Common Worship: Holy Communion (Eucharistic Prayer B)*

Genauso, wie wir zurückschauen, schauen wir aber auch gemeinsam nach vorne. Eines der großartigsten Bilder vom Himmel, die wir in der Bibel finden, ist das vom großen himmlischen Festmahl. Im Abendmahl vereint sich unser Lobpreis hier und jetzt mit dem himmlischen Lobpreis: mit Engeln und Erzengeln und mit allen himmlischen Heerscharen. Wir freuen uns auf die Zeit, in der Christus wiederkommt und wir für immer mit ihm vereint sein werden:

> Sende deinen heiligen Geist auf dein Volk herab
> und vereine in deinem Reich
> alle, die das eine Brot und den einen Kelch miteinander teilen,
> damit wir dich in der Gemeinschaft der Heiligen
> loben und preisen in Ewigkeit,
> durch Jesus Christus, unseren Herrn.
> *Common Worship: Holy Communion (Eucharistic Prayer B)*

Die Form des Gottesdienstes

Der Abendmahlsgottesdienst besteht aus zwei Elementen. Zum einen finden drei verschiedene Begegnungen statt:
- die Begegnung mit dem lebendigen Brot des heiligen Abendmahls
- die Begegnung mit dem lebendigen Wort der Heiligen Schrift
- die Begegnung mit dem lebendigen Leib eines heiligen Volkes

Zum anderen bekommen wir einen großen Auftrag: Wir werden ausgesandt, um zu Gottes Ehre und Herrlichkeit zu lieben und zu arbeiten.

Die drei Begegnungen bestimmen die Form und Feier des Abendmahlsgottesdienstes und befähigen uns dazu, Christus zu empfangen und ihm dann in der Welt zu dienen.

Es beginnt damit, dass wir uns als Volk Gottes versammeln. Wir singen ein Loblied und bekennen, wie sehr wir Gott brauchen. Dies geschieht im Normalfall in Form von Gebeten, die für die Liturgie vorgegeben sind, häufig eines Sündenbekenntnisses und dem Zuspruch der Vergebung.

Der restliche Gottesdienst ist in zwei Teile aufgeteilt. Im Wortgottesdienst geht es um die Heilige Schrift, die wir hören und verstehen sollen. Dazu gehören die Lesungen, eine Predigt, Gebete und zumeist auch das Glaubensbekenntnis. In der Abendmahlsliturgie wird Brot und Wein gesegnet und miteinander geteilt. Wörtlich genommen ist *Liturgie* gleichbedeutend mit *Dienst des*

Volkes. Wir sollen also in einem christlichen Gottesdienst nicht Zuschauer sein, sondern selbst aktiv werden. Wir alle sollen unseren Teil zum Gelingen des Stückes beitragen. Die Kirche versucht heute mehr und mehr, dies in die Realität umzusetzen und Wege zu finden, die verschiedenen Gaben in der Liturgie präsent werden zu lassen. Leider beschränken wir allerdings den Begriff *Liturgie* allzu oft auf die Worte, die im Gottesdienst aus einem Buch vorgelesen werden. Natürlich gibt es Gebete, die immer wiederkehren, und sie sind wertvoll und wichtig. Aber ein christlicher Gottesdienst will viel mehr: Wir sollen Gott unser ganzes Ich hinhalten, mit all unseren Gaben und Einsichten, und Gott so gemeinsam unseren Lobpreis darbringen.

Am Schnittpunkt zwischen der Begegnung mit Jesus im Wort und im Sakrament wenden wir uns als Zeichen der Zusammengehörigkeit einander zu, um den Friedensgruß auszutauschen. Auch das ist Begegnung mit Jesus. Wir grüßen Jesus im Antlitz unseres Nachbarn. Wir gehören zusammen. Und diese heilige Gemeinschaft wird besiegelt, indem wir Brot und Wein miteinander teilen und zu dem werden, was wir essen: Leib Christi.

Auf so vielerlei Art begegnen wir Jesus Christus im Abendmahlsgottesdienst: in den Worten der Schrift, ineinander und in Brot und Wein. Am Ende des Gottesdienstes, im letzten Teil des großartigen Stückes, stellen wir uns selbst in den Dienst Gottes. Wir werden ausgesandt mit einem Auftrag: „Geht hin in Frieden“, sagt der Pfarrer, „damit ihr den Herrn lieben und ihm dienen könnt.“ Wir kommen zusammen, um ausgesandt zu werden.

Gottesdienst am Sonntag

Ich bin als Christ nicht losgelöst von allen anderen, ich bin Teil des Leibes Christi. Der Sonntag ist der Tag des Herrn, der Tag der Auferstehung und der Tag, an dem die Gemeinde der Christen sich trifft, um Gott zu loben und zu preisen. Als Christ definiere ich mich über den Gottesdienst. Hier bin ich ganz ich selbst, denn hier bin ich uneingeschränkt eins mit Gott und mit meinen Mitmenschen. Hier erneuere ich meine Hingabe an Jesus Christus und bekomme die Stärkung und die Energie, die ich brauche, um als Jünger Jesu zu leben. Gottesdienstliches Leben und besonders die

Nahrung, die ich durch die Sakramente empfange, sind die Rationen für meinen Weg als Christ. Und sie sind ein Vorgeschmack auf die Herrlichkeit, die mich im Himmel erwartet.

Hier ist also Treue gefragt, und Christen sollten deshalb keine Mühe scheuen, um den Sonntagsgottesdienst in ihrer Gemeinde besuchen zu können. Sofern andere Verpflichtungen, zumal arbeitstechnischer Art, dies unmöglich machen, kann entweder in den Gebetszeiten während der Woche die Begegnung mit der Gemeinde bzw. anderen Christen[10] oder die Gemeinschaft auf einer geistlichen Ebene gesucht werden. Das gelingt, wenn ich mir irgendwann am Sonntag Zeit nehme, um in den Lobpreis der Kirche und Gemeinde einzustimmen und Jesus zu bitten, in mir Wohnung zu nehmen. (Am Ende des Kapitels finden Sie einige Gebete, die Ihnen dabei helfen können.)

Und schließlich heißt Gottesdienstfeiern auch, Gott die Ehre geben. Wenn ich Gottesdienst feiere, bin ich nicht nur am meisten ich selbst, sondern ich bin auch so nah, wie es in diesem Leben nur geht, an Gott mit all seiner Herrlichkeit und Gnade. Mein Weg als Christ wird erst durch den Gottesdienst überhaupt möglich.

Viele Menschen, die nicht in der Kirche oder nicht Teil einer Gemeinde sind, meinen, wer den Gottesdienst besucht, flieht vor der Realität. Welch ein Irrtum! Nichts ist der Realität näher als der Gottesdienst. Denn er ist von all dem, was mein Tun hier auf Erden ausmacht, das einzige Element, das mit Sicherheit auch im Himmel zu meinem Leben gehören wird.

---

10 In den meisten anglikanischen Gemeinden werden während der Woche Morgen- und/oder Abendandachten in der Form von klösterlichen Tageszeitengebeten angeboten. Manchmal gibt es auch ein Mittagsgebet. – *Anm. d. Übers.*

Texte und Gebete

Denn Folgendes habe ich vom Herrn empfangen und euch überliefert: In der Nacht, in der unser Herr Jesus verraten wurde, nahm er das Brot, dankte Gott dafür, brach es und sprach: „Das ist mein Leib, der für euch hingegeben wird. So oft ihr dieses Brot esst, denkt an mich und an das, was ich für euch getan habe!" Nach dem Essen nahm er den Kelch und sprach: „Dieser Kelch ist der neue Bund zwischen Gott und euch, der durch mein Blut besiegelt wird. So oft ihr aus diesem Kelch trinkt, denkt an mich und an das, was ich für euch getan habe!" Denn jedes Mal, wenn ihr dieses Brot esst und aus diesem Kelch trinkt, verkündet ihr, was der Herr durch seinen Tod für uns getan hat, bis er kommt.
1. Korinther 11,23-26

Vorbereitung auf das Abendmahl

Allmächtiger Gott,
unsere Herzen sind ein offenes Buch für dich,
du weißt um jeden unserer Wünsche
und nichts ist vor dir verborgen:
mach unsere Herzen rein
durch die Kraft des Heiligen Geistes,
damit wir dich von ganzem Herzen lieben können
und deinen heiligen Namen verherrlichen,
durch Christus, unsern Herrn.
Amen.
Common Worship: Holy Communion (Prayer of Preparation)

Gnädiger Gott,
wir maßen uns nicht an,
auf unsere eigene Rechtschaffenheit zu bauen,
wenn wir an deinen Tisch kommen.
Wir sind es nicht wert,
auch nur die Brotkrumen unter deinem Tisch zu sammeln.
Aber du bleibst derselbe, Herr,
immer und ewig voll der Gnade.
Aus dieser Gnade, gütiger Gott,
gewähre uns

das Fleisch deines Sohnes Jesus Christus zu essen
und sein Blut zu trinken,
damit unsere sündigen Leiber durch seinen Leib rein werden,
und unsere Seelen durch sein teures Blut reingewaschen,
damit wir für immer und ewig in ihm bleiben und er in uns.
Amen.
Common Worship: Holy Communion (Giving of Communion)

Allmächtiger, ewiger Gott,
ich bereite mich vor auf das Sakrament deines eingeborenen Sohnes,
unseres Herrn Jesus Christus.
Ich bin krank und komme zum Arzt des Lebens,
ich bin unrein und komme zur Quelle der Gnade,
ich bin blind und komme zum strahlenden Licht der Ewigkeit,
ich bin arm und bedürftig und komme zum Herrn über Himmel und Erde.
Herr, du bist groß und barmherzig,
heile meine Gebrechen, wasche mich rein von meiner Schande,
erleuchte mich in meiner Blindheit, mach mich reich in meiner Armut,
und bekleide mich in meiner Nacktheit.
So will ich voll demütiger Verehrung
mit reinem Herzen und voller Glauben,
mit Reue und Liebe und der Entschlossenheit,
die mich auf den Weg zur Erlösung bringt,
das Brot des Himmels empfangen,
den König aller Könige und Herrn aller Herren.
So bitte ich darum,
in dir, Gott,
das Sakrament des Leibes Christi und sein Blut empfangen zu dürfen,
deine Wirklichkeit und deine Kraft.
Ich bitte darum, in mich aufnehmen zu dürfen
den Leib deines eingeborenen Sohnes,
unseres Herrn Jesus Christus,
der geboren ist von der Jungfrau Maria,
damit ich Teil seines mystischen Leibes
und den Seinen hinzugezählt werde.

Liebender Vater,
so will ich nun auf meiner irdischen Pilgerreise
unter dem Mantel des Sakramentes
deinen geliebten Sohn, Jesus Christus, empfangen,
auf dass ich ihm eines Tages von Angesicht zu Angesicht gegenüberstehe,
ihm, der lebt und herrscht in Ewigkeit. Amen.
Thomas von Aquin

Dankgebete nach dem Abendmahl

Allmächtiger Gott,
wir danken dir, dass du uns gespeist hast
mit dem Leib und Blut deines Sohnes Jesus Christus.
Wir wollen dir unseren Leib und unsere Seele
durch Jesus Christus
zum lebendigen Opfer hingeben.
Sende uns aus
in der Kraft des Heiligen Geistes,
damit wir zu deiner Ehre und Herrlichkeit
leben und arbeiten.
Amen.
Common Worship: Holy Communion (Prayer after Communion)

Vater aller Menschen,
wir danken dir und preisen dich dafür,
dass du uns in deinem Sohn begegnet bist und uns nach Hause geholt hast,
als wir noch weit von dir entfernt waren.
Gestorben und lebendig verkündigte er deine Liebe,
er schenkte uns Gnade und öffnete für uns die Tür zur Herrlichkeit.
Wir haben Christi Leib empfangen. Lass uns seine Auferstehung leben.
Wir haben sein Blut getrunken. Lass uns sein Leben an andere weitergeben.
Wir sind von deinem Geist erleuchtet. Lass uns Licht in diese Welt bringen.
Halte uns fest in der Hoffnung, die du uns gegeben hast,

damit wir und alle unsere Kinder frei sind,
und die ganze Erde einstimmt in den Lobpreis deines Namens.
Durch Jesus Christus, unseren Herrn.
Amen.
Common Worship: Holy Communion (Prayer after Communion)

Geh mit uns, Herr,
auf dem Weg der Auferstehung!

Wir sind so langsam in unserem Verstehen.
Erkläre uns, was die Schrift über dich sagt.
Brich das eucharistische Brot mit uns,
wann immer wir Leben mit unseren Schwestern und Brüdern teilen.

Bleib bei uns,
immer dann, wenn die Nacht kommt,
und das Tageslicht in unseren Herzen dahinschwindet!
Lucien Deiss, Come, Lord Jesus

Gedanken zum Abendmahl

Unser Herr Jesus hat gesagt:
Ich bin das Brot des Lebens. Wer zu mir kommt, der wird nie mehr Hunger leiden,
und wer an mich glaubt, der wird nie mehr Durst haben.
Ich bin das lebendige Brot, das vom Himmel gekommen ist:
Wer dieses Brot isst, wird ewig leben.
Und mehr noch: Das Brot, das ich euch geben werde, ist mein Fleisch;
ich gebe es für das Leben der Welt.
Mein Fleisch ist die wahre Nahrung; mein Blut ist der wahre Trank.
Wer mein Fleisch isst und mein Blut trinkt,
der bleibt in mir und ich bleibe in ihm.

Der Apostel Paulus schrieb:
Haben wir durch den Abendmahlskelch, den wir segnen,
nicht Anteil am Blut Christi?

Und haben wir durch das Brot, das wir brechen,
nicht Anteil am Leib Christi?
Denn es gibt nur ein Brot, aber obwohl wir viele sind,
sind wir doch ein Leib, weil wir von dem einen Brot essen.
So oft ihr dieses Brot esst und aus diesem Kelch trinkt,
verkündigt ihr den Tod unseres Herrn, bis er wiederkommt.
Wer also das Brot des Herrn isst und aus seinem Kelch trinkt
und nicht würdig ist,
der entweiht den Leib und das Blut Christi
und macht sich schuldig.
Deshalb sollten wir uns prüfen
und erst dann von dem Brot essen und aus dem Kelch trinken.
Wir sollten uns bewusst machen,
dass im heiligen Abendmahl
die Nacht der Geburt Christi,
die Nacht, in der er verraten wurde,
die Stunden am Kreuz,
der Morgen der Auferstehung,
die Herrlichkeit am Tage der Himmelfahrt
und unser eigener Gottesdienst mit all unseren Bedürfnissen
in einem Moment der Ewigkeit miteinander verknüpft werden.
Lasst uns Gott danken dafür,
dass das Abendmahl in der ganzen Welt
der am meisten geliebte und heiligste Akt
der christlichen Anbetung und des Gottesdienstes ist;
dass Christus in diesem Sakrament
in Vergebung und Liebe zu uns kommt
und sich selbst mit uns vereint,
um uns zu verwandeln und bereit zu machen für seinen Dienst.
Frank Colquhoun

Die Energie und das Leben, das du im Abendmahl geschenkt bekommst, verpflichten dich dazu, die Bedeutung und Größe dieses Geheimnisses zu verkündigen. Du bist besonders dazu aufgerufen, Einigkeit, Brüderlichkeit und Dienst an anderen zu leben und zu pflegen, damit das Sakrament seine volle Wirkung entfalten kann. Die Einigkeit aller Christen und aller Menschen soll dir ein Herzensanliegen sein. Immer und überall sollst du durch die allumfassende Liebe Christi Opposition und Spaltungen überwinden. Du sollst immer nach dem suchen, was verbindet, und alles bekämpfen, was Menschen einander entfremdet und sie voneinander trennt.

Das Abendmahl stellt dich auf den Weg Jesu Christi. Es nimmt dich hinein in seinen erlösenden Tod und gibt dir Anteil an einer Erlösung, wie sie größer nicht sein kann. Und das Licht der Auferstehung, das Licht der neuen Schöpfung strömt aus dem Jenseits durch sie hindurch auf dich zu. Immer dann, wenn du am Tisch des auferstandenen Herrn sitzt, ist der erste Tag der Woche, ganz früh im Morgengrauen.
Rule for a New Brother

6. GEMEINSAM UNTERWEGS SEIN

Kirche ist nie ein Ort, Kirche sind immer Menschen; sie ist nicht das Gehege, sondern die Herde; nicht das sakrale Gebäude macht sie aus, sondern die gläubige Gemeinschaft. Kirche bist du, wenn du betest, nicht der Ort, wo du betest. Deine Kleider aus Satin oder Seide sind nicht du – genauso wenig ist ein Gebäude aus Ziegeln und Marmor die Kirche.
Anon

Ebenso ist es mit uns Christen. Gemeinsam bilden wir alle den Leib Christi, und jeder Einzelne ist auf die anderen angewiesen.
Römer 12,5

Christ sein kann man nicht allein. Christus ist gekommen, um die Schranken der Trennung zu durchbrechen. Manche Menschen behaupten, sie könnten auch Christ sein, ohne in die Kirche zu gehen: eine gefährliche Torheit, die ganz leicht zu Isolation und Individualismus führen kann. Genährt wird diese Annahme vermutlich dadurch, dass „Christ sein" fälschlicherweise mit „gut sein" gleichgesetzt wird; und „gut sein", so wie es in unserer Gesellschaft verstanden wird, kann man natürlich auch, ohne zur Kirche zu gehen. Aber die Kirche besteht nicht aus Menschen, die meinen, sie seien besser als andere, sondern aus Menschen, die besser sein möchten, als sie es sind. Und bei diesem „besser sein" geht es auch um unsere Verantwortung und unser Engagement füreinander. Sobald wir einmal die für den christlichen Glauben grundlegende Tatsache für uns geklärt haben, dass Gott „unser Vater" ist, sind wir untrennbar miteinander verbunden. Und dann müssen wir jeglichen Individualismus hinter uns lassen, ohne Wenn und Aber.

Die Kirche Jesu Christi ist eine neue Glaubensgemeinschaft, die Menschen bindet in ihrer Beziehung zueinander und zu Gott. Paulus beschreibt diese Beziehung als einen Leib, dessen Haupt Jesus Christus ist *(s. Kolosser 1,18 u. Epheser 4,15; vgl. 1. Korinther 12 u. Römer 12)*. Wir werden später noch sehen, dass dieses Bild auch die gegenseitige Abhängigkeit der verschiedenen Gaben und Dienste in der Kirche erklärt und dazu ermutigt. So wie bei einem Körper sollen auch in der Kirche die verschiedenen Teile zusammenarbeiten und sich gegenseitig ergänzen.

Die Kirche ist also nicht etwas, das außerhalb von uns liegt. Wir selbst sind die Kirche. Wir sind Christus. Wir sind Teil einer neuen Menschheit. Wir sind das Volk Gottes.

Das entspricht natürlich nicht immer dem, was wir erleben. Manchmal ist der Sonntagsgottesdienst uninteressant und die bunte Mischung an Menschen, denen wir dort begegnen, ist unfreundlich. Das ändert aber nichts an der inneren Realität dieses Netzwerkes von Beziehungen, das durch unsere Mitgliedschaft in der Kirche entsteht.

Wir sollten also nicht den Fehler machen, die Kirche nach dem zu beurteilen, was unsere Augen sehen und unsere Ohren hören. Die Kirche besteht aus Menschen, und das macht sie in ihrer sichtbaren, äußerlichen Form fehlbar und unvollkommen. Aber die Kirche ist auch Christus, und deshalb findet sich in ihrem Innersten der Strom der Gnade und Wahrheit Gottes. Zu Beginn dieses Buches haben wir uns daran erinnert, dass Gott Dreieinigkeit ist: Vater, Sohn und Heiliger Geist. Gott ist eine Gemeinschaft von Personen, die in liebender Beziehung zueinander stehen. Der christliche Glaube ist eine Einladung an die ganze Menschheit, Teil dieser Beziehung zu werden. So reflektiert und bildet die Kirche das Leben Gottes. Wenn wir uns selbst also von der Kirche trennen, dann gehen wir das ernstzunehmende Risiko ein, uns auch von Jesus Christus zu trennen.

Jesus sagt im Johannesevangelium Folgendes zu dieser Beziehung:

Ich bin der Weinstock, und ihr seid die Reben. Wer bei mir bleibt, so wie ich bei ihm bleibe, der trägt viel Frucht. Denn ohne mich könnt ihr nichts ausrichten.
Johannes 15,5

Die Kirche ist also eine heilige Gemeinschaft. Als Teil dieser Gemeinschaft genießen wir Privilegien, haben aber auch bestimmte Verpflichtungen zu erfüllen.

Gottesdienst

Im Zentrum christlichen Lebens steht, wie wir gesehen haben, der große Rhythmus von Anbetung und Ausgesandtsein. Wir kommen zusammen, um Gott zu loben und zu preisen, unsere Identität in Christus zu bekräftigen und uns für unser Leben als Christen aufbauen und ausrüsten zu lassen. Und dann werden wir ausgesandt, um unseren Beitrag zu leisten für den großen Auftrag Gottes an seiner Welt: Wir sollen andere um Gottes willen lieben. Liebe Gott und liebe deinen Nächsten – das sind die beiden wichtigsten Gebote.

Unsere Liebe zu Gott kommt zum Ausdruck im gemeinsamen Gottesdienst, in unseren eigenen Gebeten und wenn wir Leben miteinander teilen. Das im Englischen sehr oft für den Gottesdienst benutzte Wort ist *worship*. Es kommt aus dem Altenglischen und bedeutet so viel wie *wertschätzen*: Wir schätzen den Wert von etwas. Viele Christen können sich den ersten Teil des Sonntags, also des ersten Tages der Woche, freihalten, um Gott gemeinsam mit anderen Christen die Ehre zu geben, ihn „wertzuschätzen". Schon allein durch unsere Anwesenheit im Gottesdienst legen wir Zeugnis davon ab, dass wir Gott in unserem Leben an die erste Stelle setzen. In einer Gesellschaft, in der der Sonntag sich immer mehr in einen ganz normalen Wochentag verwandelt, müssen Christen umso mehr dafür tun, dass der sonntägliche Gottesdienstbesuch nicht an Bedeutung verliert, und das jede Woche neu. Wenn wir selbst sonntags arbeiten müssen, sollten wir uns darum bemühen, zu einem anderen Zeitpunkt Gottesdienst zu feiern.[11]

Für die meisten Mitglieder der anglikanischen Kirche ist das Abendmahl das Herzstück eines jeden Gottesdienstes. Wir haben uns bereits damit beschäftigt, wie das Abendmahl uns als Leib Christi auf Erden neues Leben schenkt und auch stärkt. Christus im Abendmahl zu empfangen ist deshalb sowohl die größte Freude als auch die feierlichste Verpflichtung im Leben eines Christen. Wie könnten wir uns vom Tisch des Herrn fernhalten, wenn wir einmal auch nur einen kurzen Blick auf das erhaschen durften,

---

11 Viele anglikanische Gemeinden bieten während der Woche neben den Morgen- oder Abendandachten (s. o. S. 51) auch Abendmahlsgottesdienste an. Außerdem gibt es häufig auch einen Gottesdienst am Sonntagabend. – *Anm. d. Übers.*

was uns dort geboten wird? Es ist unerlässlich, dass unser persönlicher Glaube an Jesus Christus seinen Ausdruck findet im gemeinschaftlichen Leben der Kirche. Wenn wir uns also Sonntag für Sonntag versammeln, ist dies das beste Zeichen für diese Gemeinschaft miteinander und mit Gott.

Eine heilige, katholische und apostolische Kirche

Kirche ist allerdings mehr als nur die Kirchengemeinde vor Ort. Als Leib Christi reicht ihr Leben über den lokalen und physischen Rahmen hinaus. Im Glaubensbekenntnis bestätigen wir, dass wir an die „eine, heilige, katholische und apostolische" Kirche glauben.[12] Was aber ist damit gemeint?

Mit „die *eine* Kirche" benennen wir die grundlegende Einheit der christlichen Kirche, deren Teil man wird, sobald man einer Kirche angehört. Auch wenn es in den vergangenen 2000 Jahren traurige und schmerzliche Spaltungen gab, ist die christliche Kirche doch in ihrem Innersten eins. Wir sollten uns mit allen Kräften darum bemühen, dass diese Einheit eines Tages zu einer sichtbaren Realität wird.

Wenn wir sagen, dass die Kirche *heilig* ist, dann beschreiben wir damit unsere Beziehung zu Gott. Gott ist heilig, und weil wir in Gemeinschaft mit ihm leben, werden wir zu heiligen Menschen. In dem Wort *heilig* steckt ursprünglich die Bedeutung *unantastbar*, das heißt, von der Gesellschaft um uns herum unterschieden.

Der Begriff *katholisch* beschreibt unsere Beziehung untereinander. Wir sind die Gemeinschaft der Gläubigen, Teil der universalen Kirche, die sich in jeden Winkel der Welt ausdehnt. Im Apostolischen Glaubensbekenntnis bestätigen wir auch unseren Glauben an die Gemeinschaft der Heiligen. So sind wir auch Teil der Gemeinschaft, die jenseits unserer Erde über die Grenzen des irdischen Lebens hinausgeht. Der Begriff *katholisch* (*allgemein* bzw. *über die ganze Welt*) bringt die Sehnsucht nach einem Leben zum Aus-

---

12 Gemeint ist das Glaubensbekenntnis von Nizäa-Konstantinopel, das in der anglikanischen Kirche zumeist benutzt wird. Die protestantische Kirche ersetzt *katholisch* durch *christlich*. – *Anm. d. Übers.*

druck, das ganz und gar heil und von Gemeinschaft geprägt ist. Manchmal wird katholisch irrtümlicherweise auch gleichgesetzt mit römisch-katholisch. Das aber kann nicht alles sein, denn wir alle sind Teil der katholischen – der die ganze Welt umspannenden – Kirche Jesu Christi.

Mit *apostolisch* meinen wir im Glaubensbekenntnis unsere Beziehung zu den Aposteln und ebenso die zur Welt. *Apostolisch* sein bedeutet, dass unser Glaube aufbaut auf dem Glauben derer, die vor uns gelebt haben. So blickt die Kirche zurück in die Vergangenheit und zugleich nach vorn in die Ewigkeit. Wörtlich heißt Apostel *der Entsandte*. Jesus sagte zu seinen Jüngern: „Wie mich der Vater gesandt hat, so sende ich euch!“ *(Johannes 20,21)* Eine Kirche, die apostolisch ist, teilt Gottes suchende Liebe für die Welt, sie sehnt sich danach, die ganze Menschheit in eine neue Beziehung zu Gott zu bringen. Eine apostolische Kirche will missionarisch sein, bis heute.

Verpflichtungen

Wer zur Kirche gehört, muss Verantwortung übernehmen, denn Jesus hat uns einen Auftrag anvertraut.

Wir sollen eins sein – sollen uns also darum bemühen, eine sichtbare Einheit mit anderen Christen zu bilden und praktische Wege der Zusammenarbeit mit anderen Kirchen und Denominationen zu finden. Das tut der lokalen Kirchengemeinde gut, ist aber auch das, was Christus sich für seine Kirche wünscht.

Wir sollen heilig sein – sollen also treu den Gottesdienst besuchen, unser persönliches Gebetsleben pflegen und versuchen, unser Leben zu einem Spiegel unseres Glaubens werden zu lassen.

Wir sollen uns darum bemühen, dass die Kirche katholisch ist und bleibt – das geht nur, wenn wir uns sowohl in unserer örtlichen Kirchengemeinde einbringen als auch bewusst Teil der Gesamtheit der Kirche sind. Für anglikanische Christen ist damit zunächst die Diözese und dann auch die große Gemeinschaft der anglikanischen Kirchen gemeint, die sich über die ganze Welt hinaus erstreckt.

Die anglikanische Kirche ist eine weltweite Gemeinschaft von Gliedkirchen. Jede anglikanische Gemeinde ist Teil einer Diözese, die von einem Bischof geleitet wird. Mehrere Diözesen sind jeweils in einer Provinz zusammengefasst, der ein Erzbischof vorsteht. In England gibt es die Erzbistümer Canterbury und York, die zweiundvierzig Diözesen umfassen, und tausende von Gemeinden, die jeden Zentimeter des Landes abdecken und die Menschen dort versorgen. Innerhalb der Diözesen sind mehrere Gemeinden zu einem Dekanat zusammengefasst. Seit einiger Zeit gibt es darüber hinaus eine Bewegung, die sich „Churches Together" nennt und in der Gemeinden verschiedener Konfessionen verstärkt versuchen, gemeinsam Glauben zu leben. Außerdem werden in ökumenischen Partnerschaften Gebäude in zunehmendem Maße von verschiedenen Denominationen genutzt und gemeinsame Angebote gemacht.

Einheit kann auch auf andere Art und in kleinerem Rahmen gepflegt und aufgebaut werden. In vielen Gemeinden gibt es heute neben der Gottesdienstgemeinde noch kleinere Hauskreise, in denen man ebenfalls seine Gemeindezugehörigkeit leben kann. Dort kann man sehr gut Unterstützung im Glauben finden, und die Tradition reicht zurück bis in die frühen Anfänge der Kirche, als vermutlich alle Treffen von Christen in Privathäusern stattfanden. Wenn es solche Gruppen in Ihrer Gemeinde gibt, sollten Sie nach Möglichkeit versuchen, sich einer von ihnen anzuschließen. Denn dort wird das Gefühl der Zugehörigkeit gestärkt und die Gruppen sind ein gutes Forum, um im Glauben zu wachsen, eigene Gaben und mögliche Aufgabenbereiche zu entdecken sowie Anbetung und Mission gleichzeitig zu erleben.

Und schließlich sollen wir das apostolische Handeln der Kirche in der Welt fördern. Auch wenn wir gemeinsam als Volk Gottes unterwegs sind, findet ein großer Teil unseres Lebens als Christen im Alltag und weit weg von der Unterstützung durch die Gemeinde oder der Gegenwart anderer Christen statt. Da passiert es schnell, dass wir die Botschaft des Evangeliums vergessen, und unversehens ist unser Leben nicht mehr zu unterscheiden von dem der anderen, die unseren Glauben nicht teilen. Mit genau diesen Themen werden wir uns im nächsten Teil dieses Buches beschäftigen. Hier ist es zunächst einmal wichtig daran zu erinnern, dass die Berufung, apostolisch zu sein, uns allen gilt: Im Einklang mit unseren verschiedenen Neigungen, Gaben und Persönlichkeiten ist jeder einzelne von uns dazu berufen, ein Repräsentant Christi zu sein.

Eine Aufgabe unserer Kirchengemeinde besteht also sicherlich darin, missionarische Projekte zu entwickeln, damit Gottes Prioritäten für alle sichtbar werden. Gleichzeitig bedeutet missionarische Gemeinde sein aber, dass wir Gottes Mission der Liebe zum Ausgangspunkt für den Auftrag unseres eigenen Lebens werden lassen.

Freuden

Das Schöne daran, Teil der Kirche Jesu Christi zu sein, ist, dass wir nie allein sind. Wir sind Teil eines großen Ganzen, das weit über uns selbst hinausreicht. Wir sind umgeben und werden unterstützt von den Gebeten der Heiligen und der Engel. Und wir sind solidarisch mit Christen in der ganzen Welt, Christen verschiedener Kulturen, Traditionen und Denominationen. Wir sind gemeinsam unterwegs. Die Ereignisse unseres Lebens, sei es die Freude über Geburt und Hochzeit oder das Leiden bei Schmerz und Tod, werden gefeiert und bekommen ihren Platz und eine Bedeutung. Ich entdecke wieder, dass mein Leben eine Pilgerreise in Richtung Heimat ist und die Gemeinschaft der Gläubigen meine Mitreisenden sind, ganz gleich ob ich sie mag oder nicht. Diese Freude am gemeinsamen Unterwegssein gehört zu dem Besten, was christliches Leben zu bieten hat.

Texte und Gebete

Gehört jemand zu Christus, dann ist er ein neuer Mensch. Was vorher war, ist vergangen, etwas Neues hat begonnen. All dies verdanken wir Gott, der durch Christus mit uns Frieden geschlossen hat. Er hat uns beauftragt, diese Botschaft überall zu verkünden.
2. Korinther 5,17-18

Himmlischer Vater,
du hast uns dazu berufen, Teil des Leibes deines Sohnes Jesus Christus zu sein,
damit wir seine Versöhnungsarbeit weiterführen
und allen Menschen von dir erzählen können.
Vergib uns die Sünde, die uns auseinanderzureißen droht,
schenk uns den Mut, unsere Ängste zu überwinden und die Einheit zu suchen,
die du uns geschenkt hast und die deinem Willen entspricht.
Das bitten wir durch unseren Herrn, Jesus Christus.

Schau uns an, Herr,
und gewähre uns die Gnade deines Heiligen Geistes.
Schenk uns Kraft, wo wir schwach sind,
schenk uns Toleranz, wo wir uneins sind,
schenk uns Geduld, wo wir uns missverstehen;
wo wir einander verletzt haben, schenk uns den Mut zur Vergebung
und die Gnade, Vergebung annehmen zu können.
Sei gegenwärtig in deiner Gemeinde hier und überall in der Welt;
segne unsere Arbeit vor Ort und all das,
was unsere Schwestern und Brüder in Christus tun,
um dein Reich der Einigkeit und Liebe, des Friedens und der Gerechtigkeit
auf Erden zu verbreiten.
Uniting Prayer, West Yorkshire Ecumenical Council

Es ist unser ernsthafter Wunsch, dass wir zu Seiner Zeit zu der einen Kirche Jesu Christi werden, die vereint ist im Glau-

ben, im Abendmahl, in der Seelsorge und in der Mission. Eine solche Einheit ist ein Geschenk Gottes. ... Hiermit erklären wir, dass wir offen sind für diesen Prozess der Einigkeit ...
Declaration of „Churches Together“, England, Swanwick, 1987

Unser Vater, wir danken dir für die Einheit,
die unserem Christsein schon längst zugrunde liegt.
Wir danken dir
für den einen Leib, den einen Geist,
und die eine Hoffnung als Teil unserer Berufung.
Wir danken dir auch für
den einen Herrn, den einen Glauben, die eine Taufe,
den einen Gott und Vater von uns allen.
Durch deine Gnade sind wir darauf bedacht,
einander demütig und sanftmütig
in selbstloser Liebe zu begegnen,
und so die Einigkeit im Heiligen Geist
durch das Band des Friedens zu erhalten,
durch unsern Herrn, Jesus Christus.
Frank Colquhoun, nach Epheser 4,1-6

Herr der Kirche,
mach die Kirche zu einer Kirche
und heile ihre Zerrissenheit;
mach die Kirche zu einer heiligen Kirche
in all ihren Teilen und mit all denen, die zu ihr gehören;
mach die Kirche zu einer katholischen Kirche
für alle Menschen und in aller Wahrheit;
mach die Kirche zu einer apostolischen Kirche
mit dem Glauben und dem Missionseifer der ersten Apostel.
Das bitten wir im Namen unseres Herrn, Jesus Christus.
George Appleton

Herr Jesus Christus, wir bitten dich, dass die heutige Begegnung
mit allem, was sie umfasst,
aus dem Geist der Wahrheit geboren ist
und durch die Liebe fruchtbar wird.

Sieh die Vergangenheit und die Zukunft an.
Sieh auch die Wünsche an, die in so vielen Herzen wohnen.
Sei mit uns, du Herr der Geschichte
und Herr aller menschlichen Herzen.
Sei mit uns, Herr Jesus Christus, du Sohn Gottes.
Amen.
Gebet Papst Johannes Paul II., Canterbury Cathedral, 29. Juni 1982

Es geht in der Kirche nicht um Religion, sondern um die Gestalt Christi und ihr Gestaltwerden unter einer Schar von Menschen.
Dietrich Bonhoeffer

Heiliger Vater, erhalte sie in der Gemeinschaft mit dir, damit sie eins werden wie wir.
Johannes 17,11

DER ÄUSSERE WEG

7. DAS REICH GOTTES SUCHEN

Macht durch absolute Unterwerfung unter die Liebe – so in etwa könnte man das Reich Gottes definieren.
William Temple

Es soll euch zuerst um Gottes Reich und Gottes Gerechtigkeit gehen, dann wird euch das Übrige alles dazugegeben.
Matthäus 6,33[13]

Lieben lernen

Gott liebt uns. Und genauso sollen auch wir andere lieben. Durch unser Beten und die Schrift, durch das Abendmahl und unsere Gemeinschaft bekommen wir die Kraft für unsere große Reise im christlichen Glauben. Aber wir sollen den Weg nicht um unserer selbst willen gehen, sondern vielmehr mitarbeiten an Gottes Auftrag in dieser Welt: Wir sollen für das Kommen des Reiches Gottes auf Erden beten, danach suchen und an seinem Aufbau mitarbeiten.

Alle Evangelien erzählen davon, wie Jesus über das Reich Gottes lehrt. Im Markusevangelium beginnt er sein ganzes Wirken mit dem Paukenschlag der Verkündigung, dass das Reich Gottes nahegekommen ist. In seinen Gleichnissen beschreibt er das Reich Gottes ganz unterschiedlich: als Sauerteig, der den Teig durchsäuert; als Senfkorn, das wächst und zu einem großen Baum wird; als Kaufmann, der alles verkauft, um eine kostbare Perle erwerben zu können; als Schatz, der im Acker verborgen ist; als Netz, das zum Fischfang ausgeworfen wird (vgl. dazu Matthäus 13).

In diesem Königreich werden die Ersten die Letzten sein, und die Letzten die Ersten. Es wird denen gehören, die geistlich arm sind und um der Gerechtigkeit willen verfolgt werden. Dem Übel-

---

13 Bibeltext der Neuen Genfer Übersetzung – Neues Testament und Psalmen, © 2011 Genfer Bibelgesellschaft.

täter, der neben Jesus am Kreuz hängt, reicht das, was er noch im Sterben von diesem Reich hört, um Jesus anzuflehen: „Denk an mich, wenn du in dein Reich kommst."

Wie aber sollen wir die Lehre Jesu über das Reich Gottes verstehen und was bedeutet sie für unser Leben als Christen heute?

Ein Königreich ohne König

Das Königreich, das Jesus aufrichtet, besteht aus den geliebten Mitgliedern einer Familie und nicht einfach aus loyalen Untertanen. Wir haben bereits über die radikale Bedeutung der Tatsache nachgedacht, dass Gott von Jesus Vater genannt wird. Sein Königreich ist also ein Reich ohne König: Wir alle sind erstgeborene Erben dieser Erbschaft, denn wer auf den Tod und die Auferstehung Jesu Christi getauft ist, wird sein Blutsverwandter, seine Schwester und sein Bruder.

Es stimmt, dass Jesus häufig als König bezeichnet wird. Aber auch hier sollten wir uns klarmachen, dass seine Art König zu sein sich stark davon unterscheidet, wie Macht und Autorität in der Welt ausgeübt wird. Im Johannesevangelium finden wir die erstaunliche Passage von Jesus in der Nacht, als er verraten wurde. Obwohl er wusste, dass „der Vater ihm alles in die Hand gegeben hatte, dass er von Gott gekommen war und zu ihm zurückkehren würde", stand er vom Tisch auf – allerdings nicht, wie man annehmen könnte, um sich inmitten seiner Jünger auf einen Thron zu setzen und sich huldigen zu lassen. Stattdessen „legte (er) sein Obergewand ab und band sich ein Tuch aus Leinen um. Er goss Wasser in eine Schüssel und begann, seinen Jüngern die Füße zu waschen ..." *(Johannes 13,3-5)*.

Ein Königreich ohne Grenzen

Das Reich Gottes ist also keine geografische Einheit, es ist nicht auf einer Landkarte zu finden. Es existiert auch nicht entweder nur im Himmel oder nur auf der Erde, nur in der Zukunft oder nur in der Vergangenheit. Deshalb kann man es auch nicht einfach gleichsetzen mit der Kirche. Aber gleichzeitig kann man Kirche auch nicht verstehen, wenn man sie nicht als Bote des Reiches Gottes sieht. Die Grenzen dieses Reiches sind in den Herzen der Menschen zu finden; seine Größe ist abhängig von der Beziehung zu Jesus. Und hier ist nicht einfach der Beginn dieser Beziehung gemeint, sondern die Art und Weise, wie wir sie leben. Das ist der Schwerpunkt dieses zweiten Teils unseres Buches: Bei der „äußeren Reise" eines Christen geht es darum, wie wir als Kind des Reiches Gottes unser Leben gestalten.

Vision für morgen, heute gelebt

– So sollte das Motto aller heißen, die versuchen, ihr Leben als Christen zu gestalten. Alles, was Jesus durch sein Leben, seinen Tod und seine Auferstehung für uns getan hat, und alles, was uns in unserem zukünftigen Leben erwartet, ist uns nicht nur für unsere eigene Erfüllung gegeben – auch wenn es sehr erfüllend ist. Es ist uns gegeben für die Errettung der Welt. Gott möchte, dass sein Reich in jedem einzelnen menschlichen Herzen Einzug hält und Herzstück all dessen ist, was wir Menschen in der Welt tun. Das ist Gottes großes missionarisches Werk der Liebe, an dem wir uns als Jünger Jesu Christi beteiligen sollen. Der „Anglican Consultative Council"[14] hat dies folgendermaßen auf den Punkt gebracht:

- Wir sollen die gute Nachricht vom Reich Gottes verkündigen.
- Wir sollen neue Christen lehren, taufen und ihnen Nahrung für ihren Glauben bieten.
- Wir sollen mit liebevoller Zuwendung auf menschliche Bedürfnisse eingehen.
- Wir sollen versuchen, ungerechte Strukturen in der Gesellschaft zu verändern.
- Wir sollen die Schöpfung bewahren und das Leben auf der Erde erhalten und erneuern.

Diese Punkte sind bekannt als die fünf Merkmale missionarischen Handelns. Sie könnten ebenso gut Kennzeichen für das Reich Got-

14 ACC ist eines der vier Instrumente der Einheit der anglikanischen Gemeinschaft, ein Gremium, das neben Bischöfen auch aus Mitgliedern des Klerus und aus Laien besteht und unter anderem die Einheit der Kirchen im Blick hat. – *Anm. d. Übers.*

tes genannt werden, denn genau das meinen wir, wenn wir beten „Dein Reich komme, dein Wille geschehe." Wir versuchen, die Welt so zu sehen, wie Gott sie sieht; wir versuchen, sie so zu verändern, wie Gott sie gerne haben möchte; wir versuchen, unser Leben und das Leben der Welt so zu gestalten, dass es die Werte und Standards Gottes widerspiegelt.

Das ist keine leichte Aufgabe. Wir haben schon an anderer Stelle in diesem Buch gesehen, dass sie unweigerlich zu Konflikten führen wird, denn die Welt lebt nicht nach den Standards des Evangeliums. Außerdem wird sie uns Spott einbringen, denn viele werden sich über uns lustig machen, weil wir Jesus Christus nachfolgen. Trotzdem und gerade deshalb ist es wichtig, dass die Kirche Jesu Christi die gute Nachricht von der Erlösung in ihrer Gesamtheit lebt und verkündigt. Denn sonst besteht die Gefahr, dass der Glaube nicht mehr Botschaft der erlösenden Gerechtigkeit für die ganze Welt ist, und genau so ist die Mission Gottes in Jesus gemeint, sondern eine Privatangelegenheit für Menschen, die ihr Steckenpferd pflegen. Deshalb müssen wir aufstehen, wann und wo immer wir auf Ungerechtigkeit stoßen: überall dort, wo unser Planet missbraucht wird, wo Menschenrechte verweigert und Menschen aufgrund ihres Geschlechtes, ihrer Hautfarbe, Rasse, sexuellen Ausrichtung oder ihres Glaubens verfolgt werden. Das schlägt sich nieder in Dingen wie dem Umgang mit unserer Steuererklärung und unserem Wahlverhalten bis hin zu unserer Intoleranz gegenüber aller Gier und allem Pomp, von denen die Welt regiert wird. So leben wir die Werte des Reiches Gottes; das Leben, das uns durch das, was Gott durch Jesus getan hat, zugesichert ist; das Leben, zu dem wir berufen sind und das wir vor der Welt verkörpern sollen. Das Reich Gottes ist das Kriterium, an dem alles, was wir als Christen tun, gemessen wird.

Christentum und Politik fließen dabei ineinander. Als Christ bemüht man sich um das Reich Gottes. Aus dem Hebräerbrief geht hervor, dass auch wir nach der Stadt Ausschau halten sollten, deren Baumeister und Schöpfer Gott selbst ist *(Hebräer 11,10)*. Die Propheten des Alten Testamentes haben deshalb soziale Ungerechtigkeit angeprangert und vor einem bevorstehenden Verhängnis gewarnt, weil sie einen Blick erhascht hatten auf Gottes Herrlichkeit und auf seine Ziele. Die Kirche von heute muss zurückfinden zu ihrer Aufgabe als prophetische Stimme, die den

Werten der Welt die Werte des Reiches Gottes entgegenstellt und sie damit herausfordert. Sicher ist das Reich Gottes auch die innere Erfahrung der Freundschaft mit Gott – aber eben nicht nur. Um als Bürger des Reiches Gottes zu leben, muss man sich an seinem Aufbau beteiligen, und das hier und jetzt.

Die Welt auf die Füße stellen

Den ersten Christen wurde vorgeworfen, die Welt auf den Kopf zu stellen, als sie versuchten, ihr Leben als Bürger des Reiches Gottes zu gestalten. Das Gegenteil war der Fall: Sie stellten die Welt zurück auf ihre Füße. Aber wir haben uns schon so sehr an die Art und Weise gewöhnt, wie die Welt nun einmal funktioniert, dass es geradezu absurd erscheint, wenn Menschen versuchen so zu leben, wie Gott es vorgesehen hat. Die ersten Christen waren Botschafter Gottes mit der Botschaft von Gerechtigkeit, Friede und Freude – so beschreibt Paulus das Reich Gottes *(Römer 14,17)*. Sie waren auch Pioniere mit dem Plan für eine neue Menschheit, eine neue Zivilisation, mit deren Aufbau sie begonnen haben.

Und genau das müssen wir auch heute noch sein: Botschafter und Pioniere. Die Welt lehrt uns, immer nach den Stärksten und Besten Ausschau zu halten, unsere Zuneigung für andere zu dosieren, nur die zu lieben, die uns auch zurücklieben, die Grenzen zu bewachen und die Wachposten in Alarmbereitschaft zu halten. Im Reich Gottes sollen wir die andere Wange hinhalten, die zweite Meile mitgehen, abgeben ohne die Erwartung, etwas zurückzubekommen, den letzten Cent hergeben, den Fremden willkommen heißen, dem Sünder vergeben und den Feind lieben.

Die Welt sagt uns: Du bekommst, was du sehen kannst. Das Reich Gottes dagegen sagt: Es gibt so viel mehr – ein Leben in Fülle, überströmende Liebe, ein volles Maß, das überfließt. Die Welt versucht, aus Kindern Erwachsene zu machen; deshalb haben wir das Gefühl, sie gehört uns, wir können mit ihr machen, was wir wollen, und so leben, wie wir wollen. Im Reich Gottes werden aus Erwachsenen Kinder, die Gott vertrauen und mit Leib und Seele die Freuden eines Lebens in der Gemeinschaft der Liebe genießen, wie sie in der Trinität begründet ist.

Jesus sagt: Wenn du in das Reich Gottes kommen willst, dann musst du werden wie ein kleines Kind. Du musst dich selbst klein machen; du musst dein Leben verlieren, um es zu finden; du musst neu lernen, dich im Leben zu freuen; du musst dich nach Gerechtigkeit sehnen; du musst leidenschaftlich und intensiv in Gottes ewigem Jetzt leben und sein ewiges Ja zu dir annehmen. Das ist das Sakrament dieses gegenwärtigen Augenblicks, das ist Reich Gottes.

Texte und Gebete

Noch ein anderes Gleichnis erzählte ihnen Jesus: „Mit der neuen Welt Gottes ist es wie mit einem Senfkorn, das auf ein Feld gesät wird. Es ist der kleinste Same, den es gibt. Aber wenn er aufgeht und wächst, wird er größer als andere Sträucher, ja, er wird zu einem Baum, in dessen Zweigen die Vögel ihre Nester bauen."
Matthäus 13,31-32

Herr Jesus Christus, lehre mich, großzügig zu sein;
lehre mich,
so zu dienen, wie du es verdient hast,
zu geben, ohne nach den Kosten zu fragen,
zu kämpfen, ohne den Wunden Beachtung zu schenken,
mich anzustrengen, ohne um Ruhe zu bitten,
zu arbeiten, ohne eine Belohnung zu erwarten.
Deinen Willen zu tun, das soll mir Belohnung genug sein.
Ignatius von Loyola

„Man kann Gottes neue Welt auch mit einem Sauerteig vergleichen, den eine Frau unter eine große Menge Mehl mischt, bis alles durchsäuert ist."
Matthäus 13,33

Wir loben dich,
Herr Jesus Christus,
für alle, die dir ein Gesicht geben,
indem sie deine Liebe in der Welt verbreiten.

Wir loben dich,
Herr Jesus Christus,
für alle, die dir Hände geben,
indem sie alles Erdenkliche für ihre Schwestern und Brüder tun.

Wir loben dich,
Herr Jesus Christus,
für alle, die dir einen Mund geben,
indem sie die Schwachen und Unterdrückten verteidigen.

Wir loben dich,
Herr Jesus Christus,
für alle, die dir Augen geben,
indem sie Liebe sehen, und sei sie noch so klein.

Wir loben dich,
Herr Jesus Christus,
für alle, die dir ein Herz geben,
indem sie die Armen den Reichen vorziehen
und die Schwachen den Starken.

Wir loben dich,
Herr Jesus Christus,
für alle, die deiner Armut
den Blick der Hoffnung auf das Reich Gottes schenken.

Wir loben dich,
Herr Jesus Christus,
für alle, in denen du sichtbar wirst,
einfach weil sie so sind, wie sie sind,
denn in ihrem Leben spiegelt sich deine Schönheit wider.
Lucien Deiss, Come Lord Jesus

Es sind die Armen, durch wir heute mit dem Leib Christi in Berührung kommen. In den Armen begegnet uns der hungrige Christus, dem wir zu essen geben, in ihnen begegnen wir dem nackten Christus, dem wir Kleidung geben, und dem heimatlosen Christus, den wir bei uns aufnehmen.
Mutter Teresa von Kalkutta

Mit der neuen Welt Gottes ist es wie mit einem Kaufmann, der auf der Suche nach kostbaren Perlen ist. Er entdeckt eine Perle von unschätzbarem Wert. Deshalb verkauft er alles, was er hat, und kauft dafür die Perle.
Matthäus 13,45-46

Wir können soziale Gerechtigkeit, Freiheit und Frieden schaffen und uns selbst mit Leib und Seele für die Erlangung dieser wunderbaren Ziele einsetzen. Wenn unserem Tun aber das Eine fehlt,

nämlich die Verwandlung der natürlichen Ordnung durch die ewige Barmherzigkeit, dann sind wir nichts. Denn das Reich Gottes ist heilig und nicht einfach moralisch; es ist schön und nicht einfach korrekt; es ist perfekt und nicht einfach angemessen; es ist Barmherzigkeit, nicht Gesetz.
Evelyn Underhill

Dann werden sie, die nach Gottes Willen gelebt haben, fragen: „Herr, wann bist du denn hungrig gewesen und wir haben dir zu essen gegeben? Oder durstig und wir gaben dir zu trinken? Wann haben wir dir Gastfreundschaft gewährt, und wann bist du nackt gewesen und wir haben dir Kleider gebracht? Wann warst du denn krank oder im Gefängnis und wir haben dich besucht?" Der König wird ihnen dann antworten: „Das will ich euch sagen. Was ihr für einen meiner geringsten Brüder getan habt, das habt ihr für mich getan!"
Matthäus 25,37-41

Wir alle aber warten auf den neuen Himmel und die neue Erde, die Gott uns zugesagt hat. Wir warten auf diese neue Welt, in der es endlich Gerechtigkeit gibt.
2. Petrus 3,13

8. GLAUBEN LEBEN IM ALLTAG

Wer arbeitet, während er betet, hält Gott sein Herz mit den Händen entgegen.
Bernhard von Clairvaux

Jesus (rief): „Ich möchte heute dein Gast sein!"
Lukas 19,5

Was tut die Kirche am Montagmorgen? Das ist eine Frage, die wir einfach nicht häufig genug stellen. Wir machen uns nämlich unendlich viele Gedanken um den Sonntag und vergessen darüber leicht, dass die Nahrung und die Energie, mit der wir im Gottesdienst ausgestattet werden, uns dazu befähigen soll, am Montag Kirche zu sein. Die Kirche, das sind wir, das Volk Gottes. Das, was wir am Montag tun, ist also das, was die Kirche tut. Zunächst einmal erlebt sie jeden Montag aufs Neue Zerstreuung: auf unsere Häuser, unsere Arbeitsplätze und unsere Umfelder vor Ort. Und genau dort, in Schulen und Hochschulen, in Fabriken und Krankenhäusern, in Gefängnissen und Supermärkten, in Wohnzimmern und auf dem Fußballplatz sind wir dazu aufgerufen, als Christen zu leben und unseren christlichen Glauben zu bezeugen. Das beste Zeugnis ist ein Leben, das Gottes Absichten entspricht. Es beginnt zu Hause und fließt über in Arbeit und Freizeit.

Zu Hause

Die jüdische Tradition, die das Leben Jesu prägte und auch dem christlichen Glauben an so vielen Stellen zugrunde liegt, sah in der häuslichen Umgebung das Zentrum geistlichen Lebens. Zu Hause bekamen die Kinder etwas über den Glauben beigebracht, zu Hause wurde der Sabbat gefeiert und auch die großen Glaubensfeste. Bis heute ist das wichtige Passahfest ein Familienfest.

Die frühe Kirche hat an diese Traditionen angeknüpft. Die Apostelgeschichte erzählt, dass die ersten Christen sich in ihren Häusern trafen, um Gottesdienst zu feiern und Gemeinschaft miteinander zu haben *(Apostelgeschichte 2,46)*. Einige der ersten christlichen Gemeinden wurden sogar nach den Menschen benannt, in deren Häusern sie sich trafen. Inzwischen bezeichnet der Begriff „Kirche" ein Gebäude, von dort – und nicht von zu Hause – wird heute auch unser Glaube gelenkt. Das ist nicht falsch, denn zunächst einmal ist es gut, dass die christliche Gemeinde zusammenkommt. Aber wir brauchen ein Gegengewicht. Kinder, die in christlichen Familien aufwachsen, müssen Glauben als Teil des Alltags erleben. Und nicht nur sie, alle Christen müssen eine Verbindung herstellen zwischen der Kirche am Sonntagmorgen (oder Sonntagabend) und dem Leben am Montagmorgen. Wenn wir zurückschauen in die Geschichte der Kirche oder christliche Gemeinschaften in anderen Teilen der Welt betrachten, stellen wir fest, dass der Glaube zu Hause auf verschiedene Art in die Tat umgesetzt wird und sich so auf das ganze Leben auswirkt.

Gemeinsam beten als wichtige Grundlage

Wir müssen uns darum bemühen, dass unser Haus und unsere Familie zu einem Ort des gemeinsamen Gebetes mit anderen Christen wird. Ist die anfängliche Hemmschwelle erst einmal überschritten, ist dies nicht halb so schwierig, wie es klingt. Man kann zunächst damit beginnen, vor dem Essen ein Dankgebet zu sprechen. Ja, schon die gemeinsame Mahlzeit selbst ist ein guter Anfang. Heute leben so viele Menschen unter einem Dach, ohne je gemeinsam zu essen.

Mit Ritualen den Wochenrhythmus und das Kirchenjahr feiern

Dies ist ein Punkt, der vor allem mit Kindern Sinn macht. Zünden wir zum Essen oder Beten am Sonntag eine Kerze an, werden wir erinnert an das Licht von Ostern. Der Freitag könnte als Fastentag wiederentdeckt werden, denn Fasten ist eine einfache und praktische Art des Betens. *Fasten* heißt *ohne Essen auskommen* – das englische *breakfast* für *Frühstück* heißt wörtlich übersetzt: *das*

Fasten (der Nacht) *brechen*. Um zu fasten, könnten wir zum Beispiel eine Mahlzeit auslassen, eine Weile auf etwas verzichten, was wir sehr gerne mögen, oder einfachere Mahlzeiten zu uns nehmen und die gesparte Zeit und das gesparte Geld Gott zur Verfügung stellen. Man macht dabei die Erfahrung, dass alles, sogar das Essen, weniger wichtig ist als Gott. Es erinnert auch an die Not in der Welt. So viele unserer Schwestern und Brüder haben nicht genug zu essen: Was wir sparen, könnte ihnen zugutekommen.

Im Kirchenjahr sind der Advent (vor Weihnachten) und die Passionszeit (vor Ostern) besondere Zeiten des Fastens und der Umkehr. Gerade in der Passionszeit ist es üblich, auf irgendetwas zu verzichten. Eine gute Idee wäre auch, sich etwas vorzunehmen, was man sonst nicht tut.

Genauso wichtig wie das Fasten ist das Feiern, denn in seinem Kern ist christliches Leben ein Fest. In der Vorweihnachtszeit könnte das Öffnen des Adventskalenders, das Aufstellen des Weihnachtsbaums oder der Krippe oder auch eine außergewöhnliche Mahlzeit von einem Gebet begleitet sein. In der Osterzeit könnte man ein Kreuz basteln, einen Ostergarten aufbauen oder Ostereier anmalen. All dies kann zu einer Feier werden, die den Glauben zu einem Teil des Alltags werden lässt.

Symbole des christlichen Glaubens

Das älteste christliche Symbol ist der Fisch. Er wurde als geheimes Zeichen verwendet, um das Haus eines Christen zu markieren oder auf den Treffpunkt der Gemeinde hinzuweisen. Die Buchstaben des griechischen Wortes für *Fisch* (*ichthys*) standen für *Jesus Christus, Gottes Sohn, Retter.* Heute kleben sich manche Christen einen Fisch auf das Auto. Wichtiger wäre aber, unseren Glauben zu Hause deutlicher sichtbar zu machen. In einigen Traditionen ist dies üblich, in anderen weniger, aber eigentlich sollten alle Christen ihr Haus durch irgendein Symbol im oder am Haus als einen Ort erkennbar machen, in dem Christen leben. Außerdem sollte jedes Haus eines Christen seinen eigenen „heiligen Ort“ haben. Das kann ganz einfach ein Kreuz an der Wand oder eine offene Bibel auf dem Regal sein, oder auch eine Gebetsecke in einem der Räume. Wenn es im Einklang mit der eigenen Tradition und Kultur ist, wird es zu einer Erinnerung daran, den Glauben jeden Tag neu zu leben. Außerdem macht es Besuchern deutlich, wer in der Familie die wichtigste Person ist.

All diese Ideen und Vorschläge müssen wir für uns neu entdecken und sie in unsere ganz eigene Situation hinein übersetzen. Sie nehmen den Glauben hinein in das tägliche Leben und verhindern, dass er lediglich ein feierlicher Akt am Sonntag bleibt.

Mancher von uns ist vielleicht Single und findet all unsere bisherigen Vorschläge vielleicht befremdlich. Singlesein kann viele verschiedene Hintergründe haben. Manche haben sich bewusst dafür entschieden, für andere ist das Single-Dasein nur die Konsequenz aus einem oft schmerzlichen Verlust. Und manchmal sind wir alle Singles. Genauso wenig, wie eine Familie automatisch aus Mutter, Vater und durchschnittlich 2,2 Kindern besteht, darf man vergessen, dass viele Christen Partner haben, die ihren Glauben nicht teilen. Ganz gleich also, ob wir verheiratet sind oder allein leben, ob wir unseren Glauben mit anderen in unserem Haushalt teilen oder nicht – wir sollten uns darum bemühen, unser Heim zu einem Ort zu machen, der auf angemessene Art Zeugnis ablegt und zum Gebet einlädt.

Und wenn wir tatsächlich mit einem Partner zusammenleben, der unseren Glauben nicht teilt, dann ist es wichtig sich bewusst zu machen, dass eine Ehe ebenso eine Berufung ist wie der Glaube. Die Kirche sollte der Familie nicht den zweiten Platz zuweisen: Gottes Liebe und Gottes Berufung sind allumfassend. Und wenn Gott uns zu Ehe und Elternschaft berufen hat, sollte dies nie durch andere Berufungen an den Rand gedrängt, sondern immer gestärkt werden. Natürlich sehnen wir uns danach, unseren Glauben mit denen, die wir lieben, zu teilen. Aber oft besteht das beste Zeugnis darin, ohne großes Aufheben fest zu bleiben im Gebet und im Dienst und eine gute Balance zu finden zwischen den miteinander konkurrierenden Aufgaben in Kirche und Familie.

Bei der Arbeit

Glaube ist keine Freizeitbeschäftigung. Wenn man Christ ist, wird das ganze Leben davon geprägt und schließt auch unsere Arbeit mit ein. Zwar sollten wir auch weiter dem heimtückischen

Drang widerstehen, uns gegenseitig über unseren Job zu definieren (im Normalfall fragt man einen neuen Bekannten zuerst danach, was er beruflich macht), trotzdem macht unsere Arbeit nun einmal den größten Teil unseres Lebens aus, sowohl zeitlich als auch dadurch, wie sie Stil und Bedingungen unseres Lebens zum Guten oder zum Schlechten beeinflusst. Als Christen würden wir aber zunächst einmal betonen, dass Arbeit mehr ist als bezahlte Beschäftigung. In ihr ist eine Würde enthalten, die über Ansehen und Gehalt hinausgeht. Oft ist die Arbeit, die in der Gesellschaft am meisten Gutes bewirkt, am schlechtesten bezahlt. Und oft findet sie im Verborgenen statt. Von der Gesellschaft wird die liebevolle Versorgung eines älteren Menschen durch einen guten Nachbarn anscheinend nicht besonders wertgeschätzt. Das gleiche gilt für die junge Mutter, die jeden Morgen früh aufsteht, um ihre Kinder zu versorgen, und den Rentner, der seinen Garten bearbeitet und pflegt. Gott ist anders. Er sieht auch diese Arbeit und ihren Wert. Denn Arbeit ist all das, was wir tun, alle Aktivitäten, die unseren Tag ausmachen und ihn füllen. Und diese Arbeit schenken wir Gott, sie ist ein Zeichen dafür, dass wir gemeinsam mit ihm schöpferisch tätig sind. Wir sollten deshalb all unsere Arbeit so gut wie möglich und mit viel Freude tun.

In diesem Sinne können wir durch unsere Arbeit beten: Wir machen aus allem, was wir tun, so unwichtig es auch sein mag, eine Quelle des Lobpreises. Bruder Lorenz lebte im 17. Jahrhundert und verbrachte einen großen Teil seines klösterlichen Lebens bei der Arbeit in der Küche. Dabei versuchte er, jede seiner Tätigkeiten im Einklang mit Gott zu tun, und entwickelte eine Form des Gebetes und der Arbeit, die er selbst „Die Praxis der Gegenwart Gottes“ nannte. Sie hat sein Leben geprägt, und uns kann sie dazu ermutigen, unseren Lebensrhythmus zum Gebet zu machen und Gott alles zu schenken, was wir tun.

Es gibt allerdings auch Formen von Arbeit, in denen Gott nur schwer zu entdecken ist: Viele Menschen werden bei ihrer Arbeit ausgenutzt. Manche arbeiten in einer Industrie, deren Fundament die Ausbeutung von Menschen in anderen Teilen der Erde ist. Reichtum ist oft nur möglich, weil andere in Armut leben. Und obwohl mit vielen Worten guter Wille demonstriert wird, drohen Länder der Dritten Welt oft nach wie vor unter der Last ihrer

Schulden zusammenzubrechen. Durch die Umstrukturierung von Arbeitsprozessen sind diejenigen, die Arbeit haben, oft hohem Druck ausgesetzt, werden unzureichend bezahlt und haben keinerlei Sicherheiten für die Zukunft. Einige werden für ihre Arbeit überproportional entlohnt. Andere sind arbeitslos und resigniert, weil ihnen ihr Leben immer weniger Möglichkeiten bietet und die materiellen Vorteile und Luxusgüter verwehrt bleiben, die wirtschaftlicher Wohlstand mit sich bringt. Und da die Werte unserer Gesellschaft so verzerrt sind, sind viele zu Recht empört über die schlechte Bezahlung für ihre Arbeit und ihren Beitrag. Dies alles sind Themen, mit denen Christen sich mehr auseinandersetzen müssen. Wir sollen Gott in der Arbeit finden, aber das darf uns auch nicht davon abhalten, für Gerechtigkeit zu kämpfen; es darf uns nicht daran hindern, uns gegen die ungerechten Strukturen zu wehren, die unsere Gesellschaft verderben, und alles für eine Welt zu tun, in der allen Menschen Würde und Respekt entgegengebracht wird und ihnen alle Möglichkeiten offenstehen.

In der Freizeit

Der Gedanke, dass jeder Mensch ein Recht auf Freizeit hat, ist noch nicht sehr alt. Wenn man nicht zur Oberschicht gehörte, bestand das Leben bis vor gar nicht allzu langer Zeit ausschließlich aus arbeiten und schlafen. Für andere Dinge war wenig Raum. Aber die Gesellschaft hat sich radikal verändert, und in der westlichen Welt erlaubt es der Wohlstand einem Großteil von uns, ihre Zeit in Arbeit und Freizeit einzuteilen. Inzwischen hat sich sogar eine ganze Freizeitindustrie entwickelt, und selbst wer von seiner Arbeit sehr beansprucht wird, sitzt in seiner Freizeit nicht tatenlos herum, sondern ist sehr beschäftigt.

Unser Glaube soll einfließen in unser Leben zu Hause und bei der Arbeit. Und gleichermaßen soll er unsere Freizeit prägen. Hier bieten sich viele Möglichkeiten, kreativ zu werden und kostbare und häufig vernachlässigte Anteile von uns selbst zu entdecken. Schließlich ist unsere Kreativität einer der wichtigsten Beweise dafür, dass Gott uns nach seinem Bild geschaffen hat. Jeder von uns ist kreativ, und je nach unseren Gaben und unserer Persönlichkeit kommt diese Kreativität wunderbar und ganz verschiedentlich zum Ausdruck.

Gott hat das Leben geschaffen, damit wir es genießen. Er hat uns mit unterschiedlichen Gaben ausgestattet, und häufig können wir diese Gaben gerade in der Freizeit zu Gottes Lob und Ehre nutzen. Dafür gibt es unendlich viele Möglichkeiten: Wir können Blumenschmuck gestalten, Marathon laufen, Schach spielen, preisgekrönte Kürbisse züchten, ein Modell von Westminster Abbey aus Streichhölzern bauen und vieles mehr. Es ist nicht wirklich wichtig, was Sie tun, Hauptsache es entspricht Ihnen, dem Menschen also, den Gott mit Gaben ausgestattet hat.

Zu den wichtigen Einsichten zum Thema Freizeit aus christlicher Sicht gehört, dass es mehr im Leben gibt, als immer nur zu den Besten zu gehören und mit anderen zu konkurrieren. G. K. Chesterton, ein großer Autor und Denker unter den Christen, hat einmal gesagt: „Was wert ist getan zu werden, darf auch schlecht getan sein!" Mit anderen Worten: Ja, man sollte alles so gut tun, wie man es kann. Aber wenn eine Sache es wert ist, getan zu werden, dann um ihrer selbst willen und unabhängig davon, wie gut man sie tun kann.

Natürlich gibt es auch gefährliche und übertriebene Arten, Gebrauch von seiner Freizeit zu machen, Arten, die schädlich oder selbstzerstörerisch sind. Aber eine Freizeit, durch die wir die Fülle des Lebens genießen können, bringt uns dem Gott sehr nahe, der seine Schöpfung nicht mit Arbeit gekrönt hat, sondern mit dem Sabbat. Wir bekommen Gelegenheit an der Freude teilzuhaben und an allem, was geschaffen ist – denn es ist sehr gut. Paulus hat das mit folgenden Worten zum Ausdruck gebracht: „Was immer ihr tut, was ihr auch esst oder trinkt, alles soll zur Ehre Gottes geschehen." *(1. Korinther 10,31)*

Texte und Gebete

Denkt bei allem daran, dass ihr für den Herrn und nicht für die Menschen arbeitet.
Als Lohn dafür wird Gott euch das Erbe geben, das er versprochen hat. Das wisst ihr ja. Denn Jesus Christus ist euer wahrer Herr!
Kolosser 3,23-24

Christen unterscheiden sich von anderen Menschen weder durch ihre Nationalität, noch durch ihre Sprache oder ihre Bräuche. Denn sie leben nirgendwo auf der Welt in eigenen Städten, sie benutzen keine fremdartige Form von Sprache und pflegen keinen absonderlichen Lebensstil. Ihr Wissen wurde nicht von irgendwelchen gewitzten Menschen entworfen oder ausgedacht, sie treten auch nicht für eine menschliche Lehre ein, wie andere es tun. Sie leben sowohl in griechischen als auch in nicht-griechischen Städten, ein jeder dort, wo es ihm zugeteilt ist, und leben mit ihrer Kleidung, ihrem Essen und in anderen Lebensweisen nach den Sitten des Landes. Und trotzdem befolgen sie die bemerkenswerte und zugegebenermaßen befremdliche Ordnung ihres Staatswesens. Sie leben in ihrem jeweiligen Vaterland, bleiben aber Fremde. Sie erfüllen alle Aufgaben eines Bürgers und erdulden das Schicksal der Fremden. Jedes fremde Land ist ihr Vaterland und jede Heimat die Fremde. Sie heiraten wie alle anderen auch; sie zeugen Kinder, aber sie setzen ihre Neugeborenen nicht aus. Sie sitzen gemeinsam zu Tisch, aber teilen nicht das Lager. Sie sind „aus Fleisch“, leben aber nicht „nach dem Fleisch“. Sie verbringen ihre Tage auf der Erde, sind aber Bürger des Himmels. Sie gehorchen den Gesetzen des Landes, mit ihrem eigenen Leben aber überbieten sie die Gesetze noch. Sie lieben alle Menschen, werden aber von allen verfolgt. Sie werden verkannt und doch verurteilt; sie werden getötet und sind doch lebendig. „Sie sind arm und doch machen sie viele reich.“ Es fehlt ihnen an allem, und doch haben sie alles im Überfluss. Sie werden mit Schande bedeckt und doch in ihrer Schande verherrlicht. Man spricht Böses über sie und doch sind sie gerechtfertigt. Sie werden beschimpft und doch segnen sie andere; sie werden beleidigt und erweisen Ehre. Wenn sie Gutes tun, werden sie wie Übeltäter bestraft; wenn sie mit dem Tod bestraft werden, sind sie voller

Freude, als ob sie zum Leben geboren wären ... Wer sie hasst, kann den Grund für die Feindseligkeit nicht nennen. Das, was die Seele für den Körper ist, das sind die Christen für die Welt.
Diognetbrief

Die Glanzleistung Gottes ist ein Mensch, der ganz und gar lebendig ist.
Irenäus von Lyon

Bitte um Segen für das eigene Heim

Herr, wir bitten dich, sei du Gast in diesem Haus,
halte alle Feinde von ihm fern;
lass deine heiligen Engel bei uns wohnen
und uns in Frieden bewahren.
Möge dein Segen immer auf uns liegen;
durch Jesus Christus, unsern Herrn. Amen.
The Prayer Book as Proposed in 1928

Dankgebete vor und nach den Mahlzeiten

Hab Dank für das Essen
in einer Welt, in der so viele hungrig sind.
Hab Dank für die Freunde
in einer Welt, in der so viele einsam sind.
Amen.

Denen, die ihn ehrten und achteten, gab er immer genug zu essen. Niemals vergisst er den Bund, den er mit Israel geschlossen hat.
Psalm 111,5

Aller Augen warten auf dich, Herre,
und du gibest ihnen ihre Speise zu seiner Zeit.
Psalm 145,15 (nach EG 461; vgl. Ps 104,27)

Darum sage ich euch: Macht euch keine Sorgen um euren Lebensunterhalt, um Essen, Trinken und Kleidung. Leben bedeutet mehr als Essen und Trinken, und der Mensch ist wichtiger als seine Kleidung. Seht euch die Vögel an! Sie säen nichts, sie ernten nichts und sammeln auch keine Vorräte. Euer Vater im Himmel versorgt sie. Meint ihr nicht, dass ihr ihm viel wichtiger seid? Und wenn

ihr euch noch so viel sorgt, könnt ihr doch euer Leben um keinen Augenblick verlängern. Weshalb macht ihr euch so viele Sorgen um eure Kleidung? Seht euch an, wie die Lilien auf den Wiesen blühen! Sie können weder spinnen noch weben. Ich sage euch, selbst König Salomo war in seiner ganzen Herrlichkeit nicht so prächtig gekleidet wie eine dieser Blumen. Wenn Gott sogar das Gras so schön wachsen lässt, das heute auf der Wiese grünt, morgen aber schon verbrannt wird, wie könnte er euch dann vergessen? Vertraut ihr Gott so wenig? Zerbrecht euch also nicht mehr den Kopf mit Fragen wie: „Werden wir genug zu essen haben? Und was werden wir trinken? Was sollen wir anziehen?" Mit solchen Dingen beschäftigen sich nur Menschen, die Gott nicht kennen. Euer Vater im Himmel weiß doch genau, dass ihr dies alles braucht. Sorgt euch vor allem um Gottes neue Welt, und lebt nach Gottes Willen! Dann wird er euch mit allem anderen versorgen. Deshalb sorgt euch nicht um morgen – der nächste Tag wird für sich selber sorgen! Es ist doch genug, wenn jeder Tag seine eigenen Lasten hat.
Matthäus 6,25-34

Christus hat auf dieser Erde
keinen anderen Leib als den euren,
keine anderen Hände als die euren,
keine anderen Füße als die euren.

Eure Augen sind es,
mit denen Christi Barmherzigkeit
diese Welt ansieht.

Eure Füße sind es,
mit denen er umhergehen muss,
um Gutes zu tun.

Eure Hände sind es,
mit denen er die Menschen segnet.
Teresa von Avila

Liebender Gott, du Quelle aller Ordnung und aller Form in unserem Leben: Schenk uns Inspiration für unsere Arbeit, damit wir

unentwegt danach fragen, was du willst, deine Gegenwart erkennen und dir jeden Tag neu von Herzen dienen wollen. Darum bitten wir dich, in Jesu Namen. Amen.
Dick Will, adaptiert

9. GOTT DIENEN

Willst du in allen Menschen das Antlitz Christi suchen und ihm dienen
und deinen Nächsten lieben wie dich selbst?
Common Worship: Holy Baptism

Niemand kann zwei Herren gleichzeitig dienen. Wer dem einen richtig dienen will, wird sich um die Wünsche des anderen nicht kümmern können. Er wird sich für den einen einsetzen und den anderen vernachlässigen. Auch ihr könnt nicht gleichzeitig für Gott und das Geld leben.
Matthäus 6,24

Unser Leben als Opfer

Der christliche Glaube ist nicht dazu da, eine Stelle in unserem Leben zu füllen, die sowieso leer ist, sondern er umfasst unser Leben als Ganzes. Entweder Jesus Christus ist ganz Herr oder gar nicht. Ihn am Sonntag im Gottesdienst zu loben und zu preisen bedeutet zugleich, ihm aus Dankbarkeit für alles, was er für uns getan hat, unser Leben am Montag und an jedem weiteren Tag der Woche zur Verfügung zu stellen. Freizeit ist wichtig. Aber christlicher Glaube ist weder ein Hobby noch eine Freizeitbeschäftigung.

Die erste Generation Christen war vom jüdischen Glauben her eine Form des Gottesdienstes gewöhnt, die mit der Darbringung von Opfergaben einherging. Wenn man zum Gottesdienst kam, brachte man etwas Getreide oder Wein oder ein Opfertier mit zum Tempel. Das wurde Gott zum Opfer dargebracht, oft indem es verbrannt oder über den Altar ausgegossen wurde.

In der frühen Kirche gab es keinen derartigen Ritus der Opferung von Tieren oder anderen Opfergaben im Tempel oder im Gottesdienst. Christen glauben, dass Jesus Christus sein Leben hingab als vollkommenes Opfer, und dass dieses Ereignis Gott ein für alle Mal mit seiner Schöpfung versöhnt hat und nicht wiederholt werden kann. Als Antwort auf diese Liebe Gottes, die in Christus zum Ausdruck gekommen ist, sollen Christen nicht ihren Besitz, sondern ihr ganzes Leben in Gottes Dienst stellen:

Weil ihr Gottes Barmherzigkeit erfahren habt, fordere ich euch auf, liebe Brüder und Schwestern, mit eurem ganzen Leben für Gott da zu sein. Seid ein lebendiges Opfer, das Gott dargebracht wird und ihm gefällt. Ihm auf diese Weise zu dienen ist die angemessene Antwort auf seine Liebe.
Römer 12,1

Nach dem Abendmahl beten wir jedes Mal gemeinsam:
Allmächtiger Gott,
wir danken dir, dass du uns
mit dem Leib und dem Blut deines Sohnes gespeist hast.
Durch ihn bringen wir dir unseren Leib und unsere Seele
als lebendiges Opfer dar.
Sende uns aus
in der Kraft deines Heiligen Geistes,
damit wir zu deiner Ehre und Herrlichkeit
leben und arbeiten.
Amen.
Common Worship: Holy Communion (Prayer after Communion)

Besondere Gaben

Jeder Christ ist dazu aufgerufen, Gott und den Menschen zu dienen. Jeder von uns soll dies allerdings auf unterschiedliche Art und Weise tun. Die Bibel spricht davon, dass jedem Christen andere Gaben geschenkt sind und er mit seiner ganz eigenen Gabe gleich wichtig für das Leben der Kirche ist – aber jeder Dienst sieht anders aus. Manchmal sind es natürliche Begabungen oder Talente, manchmal handelt es sich um teilweise erlernte Fähigkeiten, um Lebenserfahrung oder auch um die Erfahrung von Leid. Oder es sind Gnadengaben von Gott, dem Heiligen Geist, die geschenkt sind, damit sie Teil unserer Erfahrungen als Christ werden: die

Gabe der Heilung, der Verkündigung des Evangeliums oder die, andere zu lehren. Im Neuen Testament findet man Beispiele für die verschiedenen Gaben. Jesus lehrt uns in dem Gleichnis von den Talenten, dass Gott uns dazu auffordert, wie ein guter Haushalter das Beste aus unserer Zeit, unserer Energie, unserer Gesundheit und den besonderen Gaben zu machen, die wir mitbekommen haben. Eines Tages werden wir Rechenschaft darüber ablegen müssen, wie wir diese Schätze als Christen zum Einsatz gebracht haben.

Eines der großen Geheimnisse christlichen Lebens ist das durchaus nicht selten vorkommende Gefühl, von Gott für eine Zeit oder auch das ganze Leben mit einer bestimmten Aufgabe, einem Lebensstil oder einem Job beauftragt zu sein. Christen nennen dies *Berufung*. Jeder Christ sollte offen für die Entdeckung sein, wozu Gott ihn in den verschiedenen Lebensphasen beruft – zumal dann, wenn es um große Entscheidungen geht.

Gott im Alltag dienen

Gott dienen meint nicht unbedingt, dass ich Neues oder Zusätzliches tun soll. Es meint auch nicht ausschließlich meine Aktivitäten in der Kirche. Zuerst und vor allem meint es eine andere Sichtweise dessen, was ich ohnehin schon mache. Meine ganz alltäglichen Arbeiten werden nicht mehr nur für mich selbst wichtig, sondern können Gott geschenkt werden. Ehrenamtliche Arbeit am Wohnort oder im Wohltätigkeitsverein ist christlicher Dienst für Gott und am Nächsten. Ältere Verwandte versorgen, kleine Kinder großziehen, Nachbarn zuhören, Freundschaft mit Neuzugezogenen schließen, im Stadtrat mitarbeiten – all das sind Aspekte christlichen Dienstes.

Wir wachsen in unserem Glauben, wir feiern Gottesdienst und wir beten, und nach und nach dreht sich unser Leben weniger um uns selbst und unsere eigenen Bedürfnisse, und es wird uns immer mehr zu einem Anliegen, auf die Bedürfnisse anderer einzugehen. Je mehr wir Gott in unserem Alltag bewusst dienen und uns selbst für andere einsetzen, desto notwendiger wird es, uns in Gottesdienst, Gebet und Gemeinschaft mit anderen Christen wieder füllen und stärken zu lassen.

Dienst in der Gemeinde

Die meisten Christen engagieren sich in ihrer Kirchengemeinde vor Ort und leisten dort einen Teil ihres Dienstes. Normalerweise gibt es in einer Gemeinde eine Vielzahl von Möglichkeiten, sich auf einfache und praktische Weise einzubringen, zu helfen und so die Gemeinschaft zu fördern. Vielleicht müssen in Ihrer Gemeinde Aufgaben erledigt werden wie Putzen, Gebäude und Umlagen pflegen, nach dem Gottesdienst Kaffee kochen oder die Gottesdienstbesucher willkommen heißen. Oft stellt man fest, dass ein solcher Beitrag zum Gemeindeleben das Zugehörigkeitsgefühl stärkt und dabei hilft, andere kennenzulernen.

Wenn Sie im Glauben wachsen und Ihre Gaben von anderen entdeckt werden, bittet man Sie vielleicht um weitere Unterstützung in der Gemeinde. Das kann in einer Eltern-Kind-Gruppe sein, im Kindergottesdienst oder in der Kleinkindbetreuung. Oder Sie werden gebeten, einen neu zum Glauben gekommenen Erwachsenen zu begleiten und seine Fragen zu beantworten, oder einen Menschen aus der Gemeinde zu besuchen, der an das Haus gebunden ist. Sie bekommen vielleicht die Gelegenheit, Mitglied des Besuchsdienstkreises zu werden oder mit Taufeltern oder Trauernden zu arbeiten. Vielleicht haben Sie die Gabe der Musikalität, die im Gottesdienst zu Einsatz kommen kann, oder sie kennen sich mit Büroarbeit oder Finanzen aus. Vielleicht werden ihre Gaben auch von jemandem gesehen, der Sie bittet im Presbyterium mitzuarbeiten.

Es gibt verschiedene Möglichkeiten, Gott innerhalb der kirchlichen Strukturen zu dienen. Jede anglikanische Gemeinde hat zwei Gemeindevorsteher, die dem Bischof unterstellt sind, und einen Gemeinderat (Parochial Church Council – PCC). Darin wird die gemeinsame Verantwortung von Geistlichen und Laien sichtbar, die in der Gemeinde zusammenarbeiten. Sowohl auf lokaler als auch auf nationaler Ebene gibt es in der Church of England auch eine Art gewählter Parlamente, die sogenannten Synoden auf Dekanats-, Diözesan- und gesamtkirchlicher Ebene. Innerhalb der Ortsgemeinde gibt es eine Reihe von Ämtern, für die zum Teil eine Ernennung durch den Bischof erforderlich ist. Dazu gehören Prädikanten, die Lektoren und in manchen Diözesen auch Seelsorgeassistenten und Evangelisten.

Für manche Aufgaben werden in der Gemeinde oder der Diözese vielleicht Schulungen angeboten. Wenn Sie darüber nachdenken, mit Kindern zu arbeiten, sollten Sie nicht vergessen, dass die Kirche genauso wie andere Organisationen mit ehrenamtlichen Mitarbeitern nationale Richtlinien einhalten muss, das betrifft zum Beispiel den Kinderschutz. Wenn Sie gebeten werden, eine Aufgabe in der Gemeinde zu übernehmen, nehmen Sie sich Zeit, um darüber nachzudenken und zu beten, um herauszufinden, ob die Aufgabe für Sie richtig ist oder nicht. Sie sollten auch darauf achten, nicht zu früh zu viel zu tun. Und wie bei allen Aufgaben, die Sie neu übernehmen, sollten Sie sichergehen, dass genügend Zeit und Energie für die Familie, berufliche Anforderungen und Tätigkeiten in Ihrem Umfeld übrig bleibt. Scheuen Sie sich nicht, Nein zu sagen – und bieten Sie mit der inneren Haltung des Dienenden, also der Haltung Christi, das an, was Sie in der Lage sind zu geben. Vermeiden Sie es also, Ihre Gaben und Fähigkeiten zu sehr ins Rampenlicht zu stellen oder sich selbst nach vorne zu drängen. Lassen Sie sich Zeit, damit sich Ihr Dienst in der Gemeinde auf natürliche Weise entwickelt und nach und nach wachsen kann: Die kostbarsten Dienste sind häufig die, die weit weg von der Öffentlichkeit im Hintergrund geleistet werden.

Die Ordination

Von Beginn an hat es in der Kirche Menschen gegeben, deren spezielle Aufgabe es war, der gesamten christlichen Gemeinde zu dienen und sie in Gottesdienst und Mission anzuleiten. Die Bezeichnungen für diese Ordinierten sind verschieden. Sie heißen Pfarrer, Pastoren, Priester, Älteste oder noch anders und die verschiedenen Kirchen haben unterschiedliche Arten entwickelt, um sie in ihrem Dienst zu bestätigen.

In der anglikanischen Kirche werden Pfarrer von einem Bischof ordiniert, indem er ihnen die Hände auflegt und für sie betet, um sie für diesen besonderen Dienst an den Christen zu stärken. Eine solche Ordination folgt auf einen längeren Prozess: Der Kandidat wird zunächst auf lokaler und nationaler Ebene ausgewählt und für fähig befunden, diesen Dienst zu tun. Dann durchläuft er über mehrere Jahre eine Zeit der Vorbereitung und des Lernens.

Manche ordinierten Pfarrer der anglikanischen Kirche arbeiten Vollzeit und werden bezahlt. Andere sind sogenannte selbstversorgende oder nicht alimentierte Pfarrer, die kein reguläres Gehalt beziehen, sondern sich mit anderen Mitteln selbst finanzieren und ihre Arbeit ehrenamtlich tun. In einigen Diözesen gibt es zusätzlich für den Dienst vor Ort ordinierte Pastoren, deren Ordination nur für eine bestimmte Gemeinde gilt und die in der Regel dort Teil eines Teams von Hauptamtlichen sind.

Alle Geistlichen der anglikanischen Kirche sind als Diakone ordiniert. Der Begriff *Diakon* bedeutet *Diener*. Diakone dienen also in liebevoller Hingabe den Menschen in der Gemeinde und am Ort. Die meisten Geistlichen werden darüber hinaus eine Weile später noch als Pfarrer ordiniert. Ihre Aufgabe ist es, der gesamten Gemeinde das Wort Gottes zu verkündigen, es zu studieren, zu predigen und den Glauben weiterzugeben, ebenso die Sakramente zu spenden, besonders Taufe und Abendmahl.

Alle Geistlichen einer Diözese sind einem Bischof verantwortlich und arbeiten mit ihm zusammen. Der Bischof trägt für die Einheit und die Unterweisung in der christlichen Gemeinschaft Sorge und soll diese leiten und sie zu ihrem Dienst befähigen.[15]

15 *Anm. des Übers.*: In der evangelischen Kirche werden lediglich Pfarrer (hauptamtlich) und Prädikanten (ehrenamtlich) für ihren Dienst ordiniert. Nur sie dürfen Sakramente spenden. Für alle anderen Dienste in der Gemeinde und im Gottesdienst werden die Mitarbeiter, hauptamtlich oder ehrenamtlich, gesegnet und nur in besonderen Fällen ordiniert.

Die Gabe des Gebens

Als Christen sind wir nicht nur dazu berufen, unsere Zeit und unsere Gaben für Gott einzusetzen, sondern auch unser Geld und unseren Besitz. Wir alle müssen also sorgfältig darüber nachdenken, in welchem Maße wir unsere Ortsgemeinde in ihrer Arbeit und ihrem Auftrag unterstützen, und wie viel wir anderen guten Zwecken zukommen lassen wollen. Und wir sollten dies nicht unregelmäßig und ohne Plan tun, sondern verantwortungsbewusst im Voraus überlegen, wie viel wir geben wollen, und wie die Gemeinde und andere Organisationen am besten von unseren Zuwendungen profitieren können. Sicherlich gibt Ihnen Ihr Finanzkirchmeister dazu hilfreiche Hinweise und Informationen.

Und nicht zuletzt ...

Jesus hat gesagt, dass er nicht gekommen ist, um sich dienen zu lassen, sondern um zu dienen und sein Leben für andere zu geben. In der Nacht, bevor er gekreuzigt wurde, legte er seine Kleider ab, nahm ein Tuch und eine Schüssel mit Wasser, wusch die schmutzigen, müden Füße seiner Jünger und rieb sie mit dem Tuch trocken. Danach fragte er sie:

Versteht ihr, was ich eben getan habe? Ihr nennt mich Meister und Herr. Das ist auch richtig so, denn ich bin es. Wie ich, euer Meister und Herr, euch jetzt die Füße gewaschen habe, so sollt auch ihr euch gegenseitig die Füße waschen. Ich habe euch damit ein Beispiel gegeben, dem ihr folgen sollt. Handelt ebenso!
Johannes 13,12-15

Texte und Gebete

Nicht mehr mir selbst gehöre ich, sondern ganz dir.
Stell mich hin, wo du mich haben willst,
stell neben mich, wen du haben willst.
Lass mich lebendig sein, lass mich leiden.
Lass mich für dich arbeiten oder auf dich warten.
Lass mich angefüllt sein oder leer;
lass mich alles haben oder nichts.
Aus freiem Willen und von ganzem Herzen gern
stelle ich dir alles, was ich habe,
zur Verfügung zu deiner Freude.
Und nun, glorreicher und heiliger Gott,
Vater, Sohn und Heiliger Geist,
bist du mein und ich bin dein. So soll es sein.
Lass den Bund, den ich hier auf Erden geschlossen habe,
im Himmel besiegelt werden.
Amen.
The Methodist Service Book

Mein Leben geb ich dir, in Geist und Wahrheit,
gieße aus das Öl der Liebe, als meinen Lobpreis für dich.
Unterwerfen will ich mich, jeden Teil von mir,
Ich bringe dir dar mein gebrochenes Herz. Herr, nimm es an.

Jesus, treuester Freund, König, der liebt,
was kann ich dir schenken, was bring ich dir?
Was kann ich sagen, du Retter, was singen für dich,
um deinen Namen zu loben, das, was du getan?
Meine Worte sind schwach, viel zu schwach dafür,
voll Dankbarkeit ist mein Herz, deine Liebe so stark.

Jeder Atemzug soll dir gehören, denn du hast bezahlt,
für mich dein Leben hingegeben, sogar bis zum Tod am Kreuz.
Hast meine Schande getilgt, meine Sünde besiegt,
des Himmels Türen geöffnet, mich gerufen zu dir.
Mat Redman

Viel zu häufig habe ich gedacht, dass mein Dienst nur dann effektiv sein kann, wenn ich bedeutend, beliebt und machtvoll bin. Die Wahrheit aber ist, dass dies nicht Berufung, sondern Versuchung ist. Jesus fragt: „Liebst du mich?“ Er sendet uns aus als Hirten und verheißt ein Leben, in dem wir unsere Hände immer wieder und immer weiter ausstrecken und uns an Orte führen lassen sollen, die wir lieber meiden würden. Er möchte, dass wir unser Ringen um Bedeutsamkeit eintauschen gegen ein Leben voller Gebet, unsere Sorge um Beliebtheit gegen einen gemeinsamen und gegenseitigen Dienst, und unsere auf Macht und Einfluss basierende Führungsrolle gegen eine Leiterschaft, die selbstkritisch danach fragt, wohin Gott uns führt.
Henri Nouwen

An jedem Morgen sich die Liebe zeigt
Beweis ist, dass erwacht wir uns erheben.
Durch Schlaf und Dunkel ganz in Sicherheit,
zurück zu Leben, Kraft und Streben.

Ein jeder Tag dazu geschaffen ist,
uns neue Gnaden im Gebet zu geben.
erneut Gefahr und Schuld zu überwinden.
Gedanken Gottes! Hoffnung auf den Himmel neu erleben!

Wenn uns in unsres Tages Lauf,
die Dinge wahrhaft kostbar sind,
wird neue Schätze dann zuhauf
Gott schenken, dem der Opfer bringt.

Belanglos scheint die simple Tat,
und doch bringt sie, was wir erbitten sollen.
In ihr wir uns verleugnen, und der Pfad
bringt näher uns zu Gott mit unserm Wollen.

Alleine deine Liebe, Herr, kann es vollbringen
uns anzupassen an der Himmel Ruh.
Hilf du uns heut und jeden Tag vor allen Dingen,
Und betend leben wir, Herr, auf dich zu.
John Keble, aus seinem Gedicht „Hues of the Rich Unfolding Morn“ in: The Christian Year

Gebet für den Dienst der Christen

Allmächtiger, ewiger Gott,
durch deinen Geist wird der ganze Leib deiner Kirche
regiert und geheiligt.
Wir bitten für alle, die dir treu sind:
Du hast sie in deinen Dienst berufen.
Lass sie dir in Heiligkeit und Wahrheit dienen
und deinen Namen verherrlichen;
das bitten wir durch unseren Herrn Jesus Christus,
der lebendig ist
und in der Einheit mit dem Heiligen Geist mit dir regiert,
ein Gott, jetzt und in Ewigkeit.
The Christian Year: Collects and Post Communion Prayers for Sundays and Festivals

10. CHRISTLICHES ZEUGNIS

Von ganzem Herzen sollt ihr versuchen, helles Licht zu sein.
Mutter Teresa von Kalkutta

Wie mich der Vater gesandt hat, so sende ich euch!
Johannes 20,21

Jeder Christ ist dazu berufen, Zeuge zu sein für Jesus Christus. Und wenn die Menschen erst einmal herausgefunden haben, dass wir in die Kirche gehen, dann werden sie unseren Glauben nach dem beurteilen, was sie in unserem Leben sehen, ganz gleich, ob uns das gefällt oder nicht. Das heißt nicht, dass wir uns als bessere Menschen hervortun sollen. Das würde nur der verbreiteten Fehleinschätzung Vorschub leisten, dass ein Christ immer gleich ein guter Mensch sei. Natürlich bemühen wir uns darum, ein gutes Leben zu führen. Aber es ist nicht unsere Tugendhaftigkeit, die uns als Christen kennzeichnet, denn es gibt eindeutig viele Menschen, die nicht in die Kirche gehen, deren Leben aber ebenso tugendhaft ist wie das unsere. Was uns kennzeichnet, ist die Gnade Gottes. Wir haben uns unseren Status als Christen nicht durch ein tadelloses Leben erarbeitet, sondern Gott hat uns mit Gnade überhäuft. Wir wissen, wie schlecht wir vorher waren und wie sehr wir Vergebung nötig haben. Uns ist bewusst, dass Gott uns aufgespürt hat, als wir weit von ihm entfernt waren. Unser Glaube ist nicht unser Verdienst, wir haben ihn vielmehr durch Gnade empfangen.

Deshalb sind wir auch anderen gegenüber gnädig. Wir sollten liebevoller, vergebender, toleranter und sanfter sein und unerschütterlicher in dem, was wir glauben und wie wir es in die Praxis umsetzen. Wir sollten mehr als andere bereit sein, auch die zweite Meile mit denen zu gehen, die stolpern und fallen, und mit denen, die weit weg sind von Gott. Die Kennzeichen eines Lebens als Christ, die anderen auffallen sollten, sind die Bereitschaft, Fehler und Bedürfnisse zuzugeben, und der Wille, andere mit der gleichen barmherzigen Demut zu behandeln, wie wir sie von Gott erfahren haben. Treu als Christ zu leben, kann ein Zeugnis sein, das mit der Zeit einen großen Unterschied macht, auch wenn wir selbst das Resultat oft gar nicht sehen können. Das gilt vor allen Dingen in der Familie, wo ein explizites Zeugnis oft nicht der beste Weg zum Ziel ist.

So verstanden kann keiner sagen „Diese Berufung habe ich nicht". Die entscheidende Frage ist also nicht: „Bin ich Zeuge Jesu Christi?", denn hier haben wir keine Wahl, wie wir gerade gesehen haben. Die entscheidende Frage lautet: „Zu welcher Art Zeugnis hat Jesus mich berufen?" Hier ist Vorsicht geboten, denn der Begriff *Zeuge* ist nicht das gleiche wie *Evangelist*. Ein Evangelist ist auf besondere Weise berufen. Ist unser Leben aber voller Glaube, Hoffnung und Liebe, den höchsten Gaben des Geistes Gottes *(1. Korinther 13,13)*, wird daraus nicht nur ein Leben in Freude, ein Leben mit Zielen und ein Leben ohne Reue, sondern es wird auch zu einem machtvollen Zeugnis für das Evangelium. Kann es eine bessere Form der Verkündigung geben?

Für die Welt, in der wir leben, ist das Evangelium allerdings sowohl Herausforderung als auch Angriff. Deshalb müssen wir diesen beiden Aspekten bei der Beschäftigung mit unserem Weg als Christen noch einmal gesonderte Aufmerksamkeit schenken.

Jesus beim Namen nennen

In unserem Alltag wird es immer wieder Menschen geben, die vom Evangelium und vor allem von der Person Jesu fasziniert sind. Das kann durch ganz verschiedene Dinge angestoßen werden: eine Sendung im Fernsehen, die Geburt eines Kindes in der Familie, eine Krise in der Welt, eine Krankheit, der Beginn eines neuen Jahres oder der Tod eines geliebten Menschen. Wir sind diejenigen, die in diesen Situationen anderen dabei helfen sollen, die Verbindung herzustellen zwischen dem, was in ihren Herzen vorgeht, und der guten Nachricht von Jesus Christus.

Oft sehnen sich Menschen danach, eine Bitte oder einen tiefempfundenen Dank an Gott zu formulieren, aber sie schaffen es nicht, weil es ihnen peinlich ist. Oder ihre selbstgemachten Vorstellungen von Gott stehen ihnen im Weg. Manche fühlen sich nicht würdig, weil sie der Überzeugung sind, dass Gott nur an „guten" Menschen Interesse hat. Andere können nicht an einen Gott glauben, der sich für sie interessiert und Teil haben will an ihrem Leben, geschweige an einen Gott, der wirklich helfen kann. Wie traurig ist es, dass Menschen dann an anderen Stellen nach Trost und Sinn suchen. Die Seele des Menschen sehnt sich nach Gemeinschaft mit Gott und wird deshalb überall nach Beistand suchen, und sei er noch so klein. Deshalb können wir ein wachsendes Interesse an anderen Wegen beobachten, dem Leben einen Sinn zu geben, angefangen bei den noch relativ harmlosen Horoskopen bis hin zu den wesentlich beunruhigenderen Praktiken der Esoterik. Menschen, die durstig sind und denen der Weg zum lebendigen Wasser versperrt ist, trinken alles, was sie bekommen können. Hier ist die Kirche gefordert. Gemeinsam müssen wir danach streben, unseren christlichen Glauben so zu verkündigen, dass er erfrischend wirkt und wieder zu der guten Nachricht wird, die direkt und machtvoll in die Herzen der Menschen spricht.

Für einen großen Teil unserer Gesellschaft ist Treue zum christlichen Glauben eine reine Privatangelegenheit. Sie ist in Ordnung für alle, die das mögen, hat aber keinerlei Relevanz für alle anderen. Wenn aber das Evangelium wahr ist, dann muss es für alle Menschen wahr sein. Und wenn Jesus Christus gute Nachricht für einen Menschen ist, dann muss er es für alle anderen Menschen auch sein. Entweder wahr und gute Nachricht für alle oder weder das eine noch das andere.

Allerdings gilt diese Herausforderung auch für jeden einzelnen von uns persönlich. Die Menschen brauchen Hilfe, wenn sie erkennen sollen, dass es wirklich Gott ist, nach dem sie sich sehnen, und dass nur er ihnen die Zufriedenheit geben kann, nach der sie suchen. Das heißt natürlich nicht, dass man ständig und über nichts anderes mehr redet als über Gott. Aber man sollte, wie die es die Schrift sagt, immer bereit sein, Rede und Antwort zu stehen, sofern es um den Grund für unsere Hoffnung geht *(1. Petrus 3,15)*. So können wir unseren Beitrag als Zeugen Jesu Christi leisten: nicht nur dadurch, wie wir leben, sondern indem wir die gottgegebenen Momente, in denen Menschen offen sind für das Geschenk des Glaubens, nutzen und ihnen dabei helfen, die Schätze zu erkennen, die Gott zu bieten hat.

Immer wieder betet Paulus im Neuen Testament darum, dass Gott eine Tür öffnet und so die Möglichkeit entsteht, das Evangelium zu verkünden *(z.B. Kolosser 4,3)*. Das sollte auch unser Gebet sein. Wir alle leben in einem Netzwerk von Familie, Freunden, Arbeitskollegen und Nachbarn. Für alle diese Menschen sollten wir beten und ihnen dienen, als wären sie Christus selbst.

Einige ganz praktische Möglichkeiten, Zeuge zu sein für die Menschen, die uns im Alltag begegnen, möchten wir nennen:

- Beten Sie für die Menschen, mit denen Sie regelmäßig Kontakt haben. Machen Sie sich eine Liste mit denen, für die Sie regelmäßig beten könnten.
- Achten Sie bei Begegnungen darauf, ob es im Leben dieser Menschen etwas gibt, für das Sie beten können.
- Überlegen Sie, wo Sie ganz praktisch helfen könnten: zum Beispiel beim Babysitten oder Rasenmähen.
- Laden Sie sie zu einer passenden Veranstaltung in Ihrer Gemeinde ein.
- Leihen Sie Ihnen ein Buch oder eine DVD.

Wir sollten auch aufmerksam darauf achten, wann sich Möglichkeiten ergeben, von Jesus Christus zu erzählen. Hier sind weder eine Predigt noch Vorträge gefragt, sondern ganz einfach die Geschichte unseres Glaubens.

Denn wir alle haben zwei einzigartige und wunderbare Geschichten zu erzählen: die Geschichte über das, was Gott in Jesus getan hat, und die Geschichte über das, was er in uns getan hat. Mit unserer eigenen Geschichte können wir andere auf ihrem Weg zu Gott ermutigen und so auf ganz besondere Art Zeugnis ablegen. Deshalb müssen wir uns mit unserer Geschichte auseinandersetzen. Wie und wo war Gott in unserem Leben am Werk? Wie hat er uns gefunden? Wie ist er in unserem Leben präsent, so dass es die Hoffnung widerspiegelt, die er allen Menschen anbietet? So sind wir darauf vorbereitet, Zeugnis dafür abzulegen, dass Christus gekommen ist, um seine Liebe in die Welt zu bringen.

Andere zum Glauben bringen

Eines müssen wir uns bewusst machen: Alle Untersuchungen der letzten Jahre zu dem Thema, wie Menschen zum Glauben kommen, haben eines gezeigt: Bei den meisten geschieht dies nach und nach und über einen langen Zeitraum hinweg. Das Gleiche berichten auch Gemeinden, die intensiv missionarisch tätig sind. Es ist, als ob man sich auf eine Reise begibt.

Normalerweise gibt es auf dieser Reise einige Schlüsselerlebnisse. Viele neue Christen aber benennen zwei Dinge, die auf ihrem Weg fundamental wichtig waren. Das ist zum einen das Zeugnis anderer Christen: Freunde, Familienmitglieder, Kollegen. Zum anderen sind dies Sprungbrett-Ereignisse oder -Veranstaltungen über Kirche und Glauben in der Kirchengemeinde, an die sich Möglichkeiten anknüpften, gemeinsam mit anderen suchenden Menschen und engagierten Christen mehr von dem zu entdecken, was Glauben eigentlich bedeutet.

Manches von dem klingt vielleicht bekannt und erinnert Sie an die eigenen Erfahrungen. Wir sollten uns deshalb dazu ermutigen lassen, in Gottes Werk der Verkündigung die uns zugedachte Rolle zu spielen (glücklicherweise bringt er die Menschen zum Glauben, nicht wir!); und dies soll uns Mut machen, in der Gemeinde über solche Sprungbrett-Veranstaltungen nachzudenken und einen Raum zu schaffen, in dem man auf Entdeckungsreise gehen kann und Glauben und eine Gemeinschaft von Gläubigen erlebt.

Verfolgung erleben

Es gibt aber auch Zeiten, in denen das Evangelium verwirrt. Unsere Gesellschaft lebt genauso wenig wie jede andere auf der Welt nach den Standards des christlichen Glaubens. Wo wir auch hinschauen, sehen wir die erschreckenden Früchte von Gier und Stolz. Von Natur aus sehnen wir uns nach einem friedlichen und stressfreien Leben. Aber Jesus hat klar und deutlich gesagt, dass alle, die seinen Frieden suchen, dafür Verfolgung erleiden werden. Tatsächlich beinhaltet schon das Wort *Zeuge* in der im Neuen Testament benutzten griechischen Sprache zweierlei Bedeutungen:

Zum einen bezeichnet es denjenigen, der *bezeugt*, was er gesehen oder erlebt hat, zum anderen steckt darin der *Märtyrer (Blutzeuge)*, also derjenige, der für das Zeugnis, das er ablegt, leidet und getötet wird. Eine schmerzliche Wahrheit, mit der wir leben müssen. Sie bewahrt uns allerdings vor Selbstzufriedenheit und Triumphgefühl – beides Gefahren, die häufig mit missionarischem Eifer einhergehen.

Wir müssen die Welt, in der wir leben, und die Kräfte, die gegen uns ankämpfen, mit realistischen Augen sehen. Es wird Zeiten geben, in denen man sich über unseren Glauben lustig macht und ihn verhöhnt, und Zeiten, in denen wir ihn am liebsten verstecken oder sogar wegwerfen würden. Es könnte sogar so weit kommen, dass wir wegen des Evangeliums akuter, körperlicher Gefahr ausgesetzt sind – so wie viele tausend Christen in der Welt. In all diesen Fällen sollen wir, trotz aller Dunkelheit und vielleicht sogar Verzweiflung, fest zu dem Glauben stehen, den wir empfangen haben. Wir sollen uns daran erinnern, dass nicht die weltliche Einschätzung von Erfolg und Versagen unser Anliegen ist, sondern einzig und allein unsere Treue zum Willen Gottes und unsere Dankbarkeit für seine Liebe. Selbst wenn wir vielleicht nicht sehr erfolgreich sind in unserem Bemühen, viele Menschen in die Gemeinde zu ziehen, ja selbst wenn die Zahlen zurückgehen, heißt das nicht, dass wir aufhören sollen, das Evangelium zu verkündigen. Es heißt auch nicht, dass wir für einzelne Menschen und die Gesellschaft nicht ein wichtiger Zeuge sind. Und es stellt auf keinen Fall die Wahrheit oder Relevanz des Evangeliums in Frage.

Wie ein helles Licht

Paulus sagt, dass manche dazu berufen sind, Evangelisten zu sein *(Epheser 4,11)*. Wir haben schon darüber gesprochen, dass dies die spezielle Berufung mancher Christen ist, denen Gott die besondere Gabe geschenkt hat, das Evangelium bekannt zu machen und Menschen zum Glauben zu bringen. Wenig später allerdings sagt Paulus auch, dass wir alle dazu aufgerufen sind, unser Leben nach dem Muster Jesu Christi auszurichten:

Ihr seid Gottes geliebte Kinder, daher sollt ihr in allem seinem Vorbild folgen.
Geht liebevoll miteinander um, so wie auch Christus euch seine Liebe erwiesen hat. Aus Liebe hat er sein Leben für uns gegeben. Und Gott hat dieses Opfer angenommen.
Epheser 5,1-2

Hier wird beschrieben, was ein Zeuge ist: Ein Zeuge ist ein Mensch, dessen Leben von Christus erzählt. So verstanden sind wir alle dazu berufen, Evangelisten zu sein, denn wir gehören zu Christus. Wir haben ihn bei unserer Taufe angezogen und als Zeichen für unsere neue Berufung eine Taufkerze erhalten, die uns sagt: „Leuchte in der Welt wie ein helles Licht".

Texte und Gebete

Nehmt euch in Acht vor den Menschen! Denn sie werden euch vor die Gerichte zerren, und in den Synagogen wird man euch auspeitschen. Nur weil ihr zu mir gehört, werdet ihr vor Machthabern und Königen verhört werden. Dort werdet ihr meine Botschaft bezeugen, denn sie und alle Völker müssen von mir erfahren.
Wenn sie euch vor Gericht bringen, braucht ihr euch nicht darum zu sorgen, was ihr aussagen sollt! Denn zur rechten Zeit wird Gott euch das rechte Wort geben. Nicht ihr werdet es sein, die Rede und Antwort stehen, sondern der Geist eures Vaters im Himmel wird durch euch sprechen.
Matthäus 10,17-20

Gebet eines Zeugen
Lieber Herr, hilf mir, deinen Duft zu verbreiten, wo immer ich bin. Lass deinen Geist und dein Leben in meine Seele strömen. Durchdringe mein ganzes Sein und nimm mich so vollkommen in Besitz, dass nichts als dein Strahlen in mir zu sehen ist. Leuchte aus mir heraus und sei so sehr in mir, dass allein der Kontakt mit mir die Menschen deine Gegenwart in mir spüren lässt.

Lass sie aufschauen und nicht länger mich sehen, Herr, sondern nichts als dich. Bleibe bei mir, dann kann ich leuchten, so wie du leuchtest; ich kann so leuchten, dass ich ein Licht für andere bin.

Alles Licht kommt von dir, o Herr; nichts von mir; du bist es, der seinen Schein durch mich auf die anderen wirft. Also will ich dich preisen, wie es dir am liebsten ist, indem ich denen Licht schenke, die um mich herum leben.

Lass mich dich predigen, ohne zu predigen. Nicht mit Worten, sondern durch mein Beispiel, durch die ansteckende Kraft, den mitfühlenden Einfluss meines Handelns, die offensichtliche Fülle der Liebe, die mein Herz zu dir trägt. Amen.
Kardinal Newman, adaptiert von Mutter Teresa von Kalkutta

Gebet der Hingabe
Herr Jesus,
Ich gebe dir meine Hände, damit ich deine Arbeit tue.
Ich gebe dir meine Füße, damit ich deine Wege gehe.

Ich gebe dir meine Augen, damit ich sehe, wie du siehst.
Ich gebe dir meinen Mund, damit ich spreche, wie du sprichst.
Ich gebe dir meinen Verstand, damit du in mir denken kannst.
Ich gebe dir meinen Geist, damit du in mir beten kannst.
Und vor allem, Herr,
gebe ich dir mein Herz, damit du in mir leben kannst,
mit deinem Vater und allen Menschen.
Ich gebe dir mich selbst, damit du in mir wachsen kannst
und damit du es bist, Herr Jesus Christus,
der in mir lebt und arbeitet und betet.

Einladung an Gott, uns in seinen Dienst der Verkündigung zu stellen

Liebender Gott,
mach mein Leben zu einem Zeichen deiner hingebungsvollen Liebe:
Lass mein Herz voller Reue sein,
meine Taten voller Großzügigkeit,
meine Worte voller Sensibilität.
Fülle mich mit der Sehnsucht, die gute Nachricht,
die ich empfangen durfte,
mit anderen zu teilen,
und salbe mein Leben mit deinem Geist
damit Jesus in mir Gestalt annimmt:
Damit sein Mund aus mir spricht,
seine Hände durch mich am Werk sind,
sein Herz in mir schlägt.
So soll Jesus
durch all mein Handeln und Sein bekannt werden
unter den Menschen, zu denen du mich als Zeuge berufst,
und sein Reich soll aufgerichtet werden.
Stephen Cottrell

Mit wem sollen wir die Evangelisten vergleichen?
Sie sollen Hirten sein, die wissen, wo ihre Schafe sind, und sie finden, ohne sie weiter von der Herde wegzutreiben. Sie sollen Nachrichtensprecher sein, die die Botschaft frei heraus verkünden und sie ohne Sensationslust überall bekannt machen. ... Sie sollen Anwälte sein, die die Fälle ihrer Klienten mit Integrität, guter Laune und Mut vertreten. Sie müssen Hebammen sein, die der Natur

und der Gnade dabei behilflich sind, die Kinder Gottes durch den Schmerz der Umkehr hindurch und mit der Freude des Glaubens auf die Welt zu holen. Sie müssen Seelenärzte sein, die den Verlorenen und Müden Zugang zur heilenden Medizin des Reiches Gottes verschaffen. Sie müssen Mütter sein, die ihre Kinder bringen, damit sie im Wasser der Taufe gebadet, an der Brust von Mutter Kirche mit den Worten und Bekenntnissen gefüttert, mit den Gaben des Heiligen Geistes verwöhnt und mit dem Öl von Gebet und Fasten gesalbt werden.
William Abraham

Wenn ich beim Vater bin, will ich euch jemanden senden, der euch zur Seite stehen wird, den Geist der Wahrheit. Er wird vom Vater kommen und bezeugen, wer ich bin.
Und auch ihr werdet meine Zeugen sein, denn ihr seid von Anfang an bei mir gewesen.
Johannes 15,26-27

11. IN SCHWIERIGEN ZEITEN

Mein Gott, mein Gott, warum hast du mich verlassen? Warum bist du so weit weg und hörst mein Stöhnen nicht?
Psalm 22,2

Der Mensch ist gemacht für Freude und Leiden;
Und wenn wir uns damit wissend bescheiden,
dann können wir sicher des Weges gehn.
Aus Freud und Leid ist der Stoff gewirkt,
der das Kleid für die göttliche Seele ist,
und unter jeder Trauer und Pein verbirgt
sich die Freude aus Seide und Batist.
William Blake, Auguries of Innocence

Oh Herr,
Du weißt, wir sind umgeben
von vielen und großen Gefahren.
Nicht immer können wir ihnen aufrecht entgegensehen,
denn wir sind schwach und gebrechlich.
Schenk uns Kraft und deinen Schutz,
steh uns bei in allen Gefahren
und trage uns durch alle Versuchungen,
durch Christus, unsern Herrn.
The Christian Year: Collects and Post Communion Prayers for Sundays and Festivals (Fourth Sunday Before Lent)

Es ist einfacher, sich mit dem Strom treiben zu lassen, als gegen den Strom zu schwimmen. Es ist weniger anstrengend, einen breiten, geteerten Weg entlangzugehen, der leicht bergab führt, als einen Berg zu besteigen. Es ist keine große Herausforderung, auf dem Sofa zu sitzen und ein Fußballspiel im Fernsehen zu verfolgen, aber wenn man selbst spielen muss, sieht das ganz anders aus. Einen berühmten und sorgfältig gepflegten Garten zu besuchen und die Ordnung und Schönheit zu genießen, kostet uns wenig. Einen solchen Garten hinter unserem Haus anzulegen, erfordert über viele Jahre hinweg geduldiges und hartes Arbeiten.

Mit der Entscheidung, Christ zu werden, haben wir eine Arbeit begonnen, die ein ganzes Leben andauert: Wir arbeiten daran, so zu leben, wie Jesus es uns vorgelebt hat. Diesem Weg von ganzem Herzen zu folgen, ist eine Herausforderung und hat seinen Preis.

Jesus spricht in der Bibel von

- der engen Pforte und dem schmalen Weg, der zum Leben führt *(Matthäus 7,14)*
- der Forderung, dass jeder seiner Jünger sich selbst verleugnen, sein Kreuz auf sich nehmen und ihm nachfolgen soll *(Markus 8,34)*
- der Notwendigkeit, sich vorher bewusst zu machen, welchen Preis wir bezahlen müssen, wenn wir uns als Christen auf den Weg machen *(Lukas 14,28)*
- der Tatsache, dass jede Rebe des Weinstocks, die Frucht trägt, zurückgeschnitten werden muss, um wachsen zu können *(Johannes 15,2)*

Für die ersten Christen war Leiden eine durchaus übliche Erfahrung. Weil er ein paar Jahre nach der Auferstehung dem Vorbild Christi gefolgt ist, wurde ein Christ namens Stephanus in Jerusalem zu Tode gesteinigt. Er hatte seinen Glauben bezeugt und wurde so zum ersten von vielen Märtyrern, der erste von vielen Menschen, die dafür getötet wurden, dass sie an Jesus Christus glaubten (zur Bedeutung des Wortes *Märtyrer als [Blut]Zeuge* s. o. S. 103f.). Seine Geschichte wird in Apostelgeschichte 6 und 7 erzählt. Die Briefe des Neuen Testamentes und die Offenbarung ermutigen die jungen Gemeinden immer wieder dazu, fest zu bleiben im Glauben und um des Evangeliums willen Leiden zu ertragen. Alle, die im Dienst des christlichen Glaubens stehen, werden berufen, den Preis für die Nachfolge zu zahlen:

Diesen kostbaren Schatz tragen wir in uns, obwohl wir nur zerbrechliche Gefäße sind. So wird jeder erkennen, dass die außerordentliche Kraft, die in uns wirkt, von Gott kommt und nicht von uns selbst. Die Schwierigkeiten bedrängen uns von allen Seiten, und doch werden wir nicht von ihnen überwältigt. Wir sind oft ratlos, aber nie verzweifelt. Von Menschen werden wir

verfolgt, aber bei Gott finden wir Zuflucht. Wir werden zu Boden geschlagen, aber wir kommen dabei nicht um. Tagtäglich erfahren wir am eigenen Leib etwas vom Sterben, das Jesus durchlitten hat. So wird an uns auch etwas vom Leben des auferstandenen Jesus sichtbar. Unser Leben lang sind wir um Jesu willen ständig dem Tod ausgeliefert; aber an unserem sterblichen Leib wird auch immer wieder sein Leben sichtbar.
2. Korinther 4,7-11

Wir können auch als Christen den schlimmen Dingen, die jedem im Leben widerfahren können, weder entfliehen noch sie vermeiden: Krankheit und Unfälle, Armut und Naturkatastrophen, verletzte Beziehungen, an denen man unschuldig oder auch schuld ist, Behinderungen, Trauer und Tod. Wir leben in einer unvollkommenen Welt, in der Leiden Teil eines jeden Lebens ist. Es ist ein großer Fehler zu denken, dass ein Leben als Christ die Garantie für ein Leben ohne Schmerz und Schwierigkeiten ist – ein Fehler, der letztendlich Enttäuschung und Bitterkeit zur Folge hat. Und dann sind da noch die Schwierigkeiten, die erst dadurch entstehen, dass man Christ ist: die Wüstenerfahrungen in unserem geistlichen Leben, in denen Gott meilenweit entfernt scheint. Das sind Zeiten, in denen unser Glaube von Zweifeln und Fragen erschüttert wird aufgrund von schwerem Leiden, Kämpfen gegen Versuchungen oder Schuld, aufgrund des nicht sichtbaren Preises, den wir für Aufrichtigkeit und Integrität bezahlen oder ganz konkrete Verfolgung wegen unseres Glaubens.

Die Worte der Bibel und die anderer Christen, die den Weg vor uns gegangen sind, sind uns nicht gegeben, damit wir Leiden und Schwierigkeiten besser vermeiden können. Sie sollen vielmehr eine Quelle sein, die uns im Leiden unendlichen Trost, Kraft und Unterstützung schenkt. Welche Ressourcen bietet also der christliche Glaube für diese schwierigen Zeiten?

Aufrichtigkeit

Das erste Stichwort ist Aufrichtigkeit: Ehrlichkeit in Bezug auf unser Leben in Beziehung zueinander und zu Gott. Manchmal haben Christen das Gefühl, sie müssten in allen Situationen von

Trauer, Schmerz und Schwierigkeiten Haltung bewahren oder, schlimmer, auch noch gute Miene zu bösem Spiel machen. Dann fangen wir an, in unseren Beziehungen zu anderen und zu Gott eine Maske aufzusetzen. Hinter dieser Maske stöhnen wir vor Schmerzen oder schreien vor Wut oder Enttäuschung.

Solche Unaufrichtigkeit ist ein Zerrbild des christlichen Glaubens. Jesus selbst hat gesagt: „Ich bin die Wahrheit". In unser aller Leben wird es auf jeden Fall die ein oder andere schlechte Zeit oder das ein oder andere schlimme Erlebnis geben. Und wir können uns nur dann mit ihnen auseinandersetzen, wenn wir sie als solche anerkennen und sie beim Namen nennen.

Hier sind von allen Büchern der Bibel besonders die Psalmen hilfreich. Manche von ihnen sind Sinfonien der Freude und des Lobpreises oder auch stille Gebete der Zuversicht. Die meisten aber sind Klagepsalmen, die mit beißender Direktheit im Namen einer Gruppe oder einzelner Menschen Schmerz, Trauer, Angst und Zweifel an Gott Ausdruck verleihen. Beten wir mit den Worten der Psalmen, wird uns klar, dass Gott groß genug ist, um mit all unseren Zweifeln, Fragen und Sorgen, mit unserer Eifersucht, Trauer und Wut umgehen zu können, und dass all diese Emotionen in unseren Gebeten und manchmal sogar in unseren Gottesdiensten zugegeben und in Worte gefasst werden müssen. Das Buch Hiob im Alten Testament ist eine lange Betrachtung zum Thema Leiden. Es enthält keine leichten Antworten, sondern ruft zu Aufrichtigkeit und Integrität auf, statt billige Ratschläge zu geben oder falsche Tatsachen vorzuspiegeln. Sie kommen zu Gott als echter Mensch mit einem echten Leben und nicht als zensierte Ausgabe Ihrer selbst aus einer Art Fantasiewelt, in der alles absolut wunderbar ist. Wenn etwas verletzt, Fragen aufwirft oder Wut auslöst, oder wenn Gott weit weg zu sein scheint, dann müssen Sie es vor sich selbst zugeben, Sie müssen es vor Gott zugeben und vor anderen Menschen.

Liebe

Ein zweites Stichwort ist in diesem Zusammenhang wichtig: die Liebe. Unser Leiden mag schwer sein und vielleicht manchmal alles andere in unserem Leben verdrängen. Aber Gottes Liebe für uns ist noch viel tiefer und hält uns mitten in all diesem Leiden fest.

Und woher wissen wir, dass Gottes Liebe so tief ist? Durch Jesus Christus und seinen Tod am Kreuz. Dort wird die Liebe Gottes auf eine Weise sichtbar, die unser Verstehen übersteigt. Gottes Liebe ist nicht eine distanzierte Liebeserklärung, die ihn nichts kostet und schnell vergessen ist. Die Liebe Gottes, die sich in Christus zeigt, ist eine Hingabe, größer als das Universum, die sich in Jesu Leiden und Tod um unsertwillen zeigt; eine Hingabe, die stärker ist, als eine menschliche Bindung oder Zuneigung es je sein kann; ein Sehnen danach, das Beste für uns zu erreichen und uns die Erlösung zu schenken, das tiefer ist, als jedes menschliche Sehnen sein kann; eine Solidarität mit uns, die, ganz gleich was wir getan haben, in alle Ewigkeit gilt. Paulus schreibt:

Denn ich bin ganz sicher: Weder Tod noch Leben, weder Engel noch Dämonen, weder Gegenwärtiges noch Zukünftiges, noch irgendwelche Gewalten, weder Hohes noch Tiefes oder sonst irgendetwas können uns von der Liebe Gottes trennen, die er uns in Jesus Christus, unserem Herrn, schenkt.
Römer 8,38-39

In Zeiten großer emotionaler oder physischer Schmerzen und vor allem dann, wenn wir verzweifelt sind, können wir unter Umständen die Liebe Gottes für uns weder spüren noch im Gebet erleben. Gerade in solchen Zeiten müssen wir uns bewusst machen, dass Christsein bedeutet zu glauben: Wir vertrauen auf die Verheißungen Gottes. Seiner Liebe begegnen wir in der liebevollen Fürsorge der Menschen um uns herum. Das Abendmahl ist in diesen Zeiten eine wichtige Stütze: Gottes Liebe wird durch Brot und Wein greifbar und stärkt uns für den kommenden Abschnitt unseres Weges.

Beharrlichkeit

Ganz gleich was man anfängt im Leben: Will man es zu Ende führen, ist Beharrlichkeit gefordert. Ob das der Führerschein ist oder der Aufbau eines eigenen Unternehmens, die Vorbereitung auf ein Examen, eine neue Beziehung oder körperliche Fitness – es wird immer Zeiten geben, in denen das Projekt, aus welchen Gründen auch immer, schwierig wird, und man am liebsten aufgeben möchte. Jeder gute Coach würde, egal für welchen Bereich, den gleichen Rat geben: Bleiben Sie dran. Die Verfasser des Neuen Testamentes raten auch den Christen aller weiteren Generationen genau das zu tun, wenn sie auf ihrem Weg auf kleinere oder größere Hindernisse stoßen. Lass dich nicht ablenken, sei beharrlich und bleib dran.

In einem der bekanntesten Gleichnisse Jesu geht ein Bauer auf das Feld, um seine Saat auszusäen, und sie fällt auf vier verschiedene Arten von Böden. Einiges landet auf dem Weg und wird sofort von den Vögeln gefressen. Die Saat fängt gar nicht erst an aufzugehen. Einiges landet auf felsigem Boden. Die Samen treiben Wurzeln und beginnen zu wachsen, aber die Wurzeln reichen nicht tief genug in den Boden hinein und die jungen Pflanzen werden von der Sonne versengt. Dieser Teil der Saat steht für junge Christen, die sich auf den Weg machen, aber nur eine Zeitlang dabei sind, und, sobald es schwierig wird, wieder abspringen. Andere Samen fallen in die Dornen, wachsen mit ihnen gemeinsam, werden aber letztlich von den Dornen erstickt. Dieser Teil steht für die Menschen, die sich auf ihrem Weg von den Sorgen, dem Wohlstand und den Freuden des Lebens ablenken lassen und deren Frucht nicht reif wird. Und dann gibt es noch die Saat, die auf guten Boden fällt. Das sind die Menschen, die das Wort mit aufrichtigem und bereitwilligem Herzen aufnehmen und geduldig daran festhalten. Sie tragen reiche Frucht *(Lukas 8,4-15; vgl. auch Markus 4,3-20 u. Matthäus 13,4-23)*.

Genau diese Qualität des geduldigen Festhaltens, das Jesus hier empfiehlt, ist eine der wertvollsten Eigenschaften in unserem Leben als Christ. Sie macht den Unterschied aus zwischen einem Glauben, der nur Freizeitbeschäftigung für eine bestimmte Zeit ist, und einer lebenslangen Nachfolge. Ein anderer bekannter Text des Neuen Testamentes im Hebräerbrief zielt auf die gleiche Qualität hin. Das hier gebrauchte Bild für einen Christen ist das eines Langstreckenläufers in einem Stadion: Die Zuschauer sind all jene Christen, die schon vor uns ins Rennen gegangen sind.

Da wir nun so viele Zeugen des Glaubens um uns haben, lasst uns alles ablegen, was uns in dem Wettkampf behindert, den wir begonnen haben – auch die Sünde, die uns immer wieder fesseln will. Mit zäher Ausdauer wollen wir auch noch das letzte Stück

bis zum Ziel durchhalten. Dabei wollen wir nicht nach links oder rechts schauen, sondern allein auf Jesus. Er hat uns den Glauben geschenkt und wird ihn bewahren, bis wir am Ziel sind. Weil große Freude auf ihn wartete, erduldete Jesus den verachteten Tod am Kreuz. Jetzt hat er als Sieger den Platz an der rechten Seite Gottes eingenommen. Vergesst nicht, wie viel Hass und Anfeindung er von gottlosen Menschen ertragen musste, damit auch ihr in Zeiten der Verfolgung nicht den Mut verliert und aufgebt.
Hebräer 12,1-3

Um diese Qualität der Beharrlichkeit in jedem Christen zu fördern, ist es ganz wichtig, gottgefällige Gewohnheiten und Rituale in Gottesdienstbesuch, Gebet und Dienst zu entwickeln. Wie ein Athlet bei seinem Training bauen wir damit die Fähigkeiten und die Kraft auf, die uns in schwierigen Zeiten Halt geben.

Weisheit

Die Bibel und auch die christliche Tradition haben eine ganze Menge göttliche Weisheiten zu bieten, die uns dabei helfen, ein gutes Leben zu führen und in schwierigen Zeiten zurechtzukommen. Manche dieser Weisheiten lesen wir und nehmen sie im Kontext von Gottesdiensten gemeinsam mit anderen Christen oder beim persönlichen Bibellesen in uns auf. Wir alle aber brauchen in Krisenzeiten die Unterstützung anderer Christen, insbesondere von solchen mit der Gabe der Seelsorge und der Weisheit. Das können sowohl Laien als auch Hauptamtliche sein. Manchmal hilft schon ein offenes Ohr. Manchmal bekommen wir eine neue Perspektive aufgezeigt. Und falls wir die Orientierung verloren haben und nicht mehr wissen, was wir tun sollen, bekommen wir im Gespräch mit anderen wieder ein Gefühl für die richtige Richtung und die Hoffnung wird wieder lebendig. Es kann auch sein, dass der Grund für unsere Schwierigkeiten oder unser Leid in unserem Lebensstil oder in unseren eigenen Entscheidungen liegt.

Viele Menschen versuchen instinktiv, diese Situationen allein zu bewältigen. Wir wollen keinem zur Last fallen. Weiser ist es aber oft, wenn man sich Hilfe und Unterstützung innerhalb der christlichen Gemeinschaft sucht. Christen sind dazu aufgerufen, einander beim Tragen der Lasten zu helfen *(Galater 6,2)*. Mitchristen schenken uns ihre Zuwendung und Weisheit und wir können im Gegenzug anderen zur Verfügung stehen, wenn sie ihrerseits schwierige Zeiten durchleben müssen.

Verwandlung

Wahrscheinlich sind die meisten von uns schon einmal Menschen begegnet, die schweres Leid ertragen mussten und gerade darin Gnade erlebt haben und sogar im Glauben gewachsen sind. Ihr Schmerz und ihre Trauer haben bewirkt, dass sie durch die Gnade Gottes zu besseren Menschen mit mehr Tiefe geworden sind. Sie leben stärker im Frieden mit der Welt, ihre Perspektive hat sich verändert, sie haben mehr Zeit und Verständnis für das Leiden anderer und empfinden eine größere Dankbarkeit für das, was ihnen jeden Tag neu geschenkt wird. Andere Menschen dagegen, deren Last mitunter gar nicht so schwer war, scheinen in Leid und Schwierigkeiten stecken zu bleiben; sie werden zu Gefangenen ihres Selbstmitleids, ihrer Trauer oder Bitterkeit. Ihr Horizont wird eng und umfasst schließlich nur noch ihre eigene kleine Welt. Sie werden zu Menschen, die nur noch fordern und im Zusammenleben alle Energie und Aufmerksamkeit ausschließlich für sich selbst beanspruchen.

Die größte Herausforderung in schwierigen Zeiten liegt in der Überwindung unseres Leidens. In allem Schmerz und allen Schwierigkeiten sollen wir die tiefe Freude entdecken, die all unserem Sein zugrunde liegt. Erinnern wir uns daran, dass dieser Weg der Verwandlung nicht ein Weg des Leugnens ist: Er beginnt vielmehr mit Aufrichtigkeit und damit, das Leid zuzugeben. Von der Aufrichtigkeit aber führt der nächste Schritt zur Heilung der Narben und Überwindung der inneren Kämpfe, weil man bereit ist zu vergeben und weiterzugehen. Der Tod Jesu Christi am Kreuz war eine Erfahrung größter Verzweiflung und Qualen. Und trotzdem folgte auf diesen Tod und diese Niederlage drei Tage später die glorreiche und freudenreiche Auferstehung. Freude reicht tiefer als Schmerz. Auf Karfreitag folgt der Ostersonntag.

Texte und Gebete

Herr, wie lange wirst du mich noch vergessen,
wie lange hältst du dich vor mir verborgen?
Wie lange noch sollen Sorgen mich quälen,
wie lange soll der Kummer Tag für Tag an mir nagen?
Wie lange noch wird mein Feind über mir stehen?
Psalm 13,2-3

Höre mein Gebet, Herr, und achte auf meinen Hilfeschrei!
Ich bin in großer Not – verbirg dich nicht vor mir!
Höre mir zu und antworte mir schnell!
Mein Leben verflüchtigt sich wie Rauch,
mein ganzer Körper glüht, von Fieber geschüttelt.
Meine Kraft vertrocknet wie abgemähtes Gras,
selbst der Hunger ist mir vergangen,
ich bin nur noch Haut und Knochen!
Laut stöhnend wälze ich mich auf meinem Lager hin und her.
Man hört mich klagen wie eine Eule in der Wüste,
wie ein Käuzchen in verlassenen Ruinen.
Ich kann nicht schlafen;
ich bin verlassen und fühle mich wie ein einsamer Vogel auf dem Dach.
Psalm 102,2-8

Mein Herz krampft sich zusammen,
Todesangst überfällt mich.
Furcht und Zittern haben mich erfasst,
und vor Schreck bin ich wie gelähmt.
Ach, hätte ich doch Flügel wie eine Taube,
dann würde ich an einen sicheren Ort fliegen!
Weit weg würde ich fliehen – bis in die Wüste.
Psalm 55,5-8

Ich glaube an die Sonne, auch wenn sie nicht scheint.
Ich glaube an die Liebe, auch wenn ich sie nicht fühle.
Ich glaube an Gott, auch wenn er schweigt.
Wandbeschriftung eines Kellers in Köln, in dem sich Juden vor den Nazis versteckt haben

Oh Herr,
ich versuche, an dich zu denken,
aber ich kann dein Gesicht nicht sehen.
Ich versuche, mit dir zu sprechen,
aber du antwortest mir nicht.
Wie kann ich sicher sein, dass du mich liebst,
wenn ich deine Berührung nicht spüre?
Wie kann ich mich nach dir ausstrecken,
wenn du weggegangen bist?
Ich möchte dich verstehen,
aber es ist zu schwer.
So sitze ich hier in der Dunkelheit
und warte,
warte auf dich, oh Herr.
Janet Morley

Und führe uns nicht in Versuchung,
sondern erlöse uns von dem Bösen.
Aus dem Vaterunser

Sich für Christus zu entscheiden heißt, das Kreuz zu wählen … Der Weg zur Einheit mit Jesus Christus führt nicht darüber, Besitz zu erwerben, nicht einmal auf spiritueller Ebene. Wir erreichen sie nicht, indem wir etwas anhäufen oder aufbauen, sondern nur dann, wenn wir alles loslassen.
Elizabeth Ruth Obbard

Herr, unser Gott,
dein geheiligter Sohn Jesus Christus, unser Erlöser,
ließ sich von seinen Peinigern schlagen
und floh nicht vor der Schande.
Lass uns durch deine Gnade und im Wissen um deine Herrlichkeit,
die du offenbaren wirst,
die Leiden ertragen, vor die wir heute gestellt sind,
durch Christus, unsern Herrn. Amen.
The Christian Year: Collects and Post Communion Prayers for Sundays and Festivals (Fourth Sunday of Lent)

Bevor ich den Leib meines Herrn empfange,
bevor in Brot und Wein ich Anteil hab an seinem Leben,
schau ich auf das, was mir leid tut –
ich gebe es dir hin.

Worte der Hoffnung, nicht ausgesprochen,
Gebete der Güte, vergraben unter meinem Stolz,
Zeichen der Zuwendung, wegdiskutiert –
ich gebe sie dir hin.

Mein Blick und mein Verstand, geprägt durch Enge,
mein Bedürfnis, dass andre mir zu Willen sind,
jedes Wort und jedes Schweigen, das verletzen sollte –
ich gebe es dir hin.

Vergebt, ihr alle, in denen ich dem Herrn begegne,
so wie auch ich Vergebung schenken will.
Damit all das, was Christi Frieden widerspricht –
dir hingegeben werde.

Herr Jesus Christus, Tischnachbar bei diesem Mahl,
ich mache mein Herz leer und strecke meine Hände aus.
Ich möchte dir begegnen hier in Brot und Wein –
die du mir gabst.
Iona Community

Für euch alle gilt: Werdet stark, weil ihr mit dem Herrn verbunden seid, mit seiner Macht und seiner Stärke! Greift zu den Waffen Gottes, damit ihr alle heimtückischen Anschläge des Teufels abwehren könnt!
Epheser 6,10-11

12. HOFFNUNG

Sieh, ich schaffe alles neu!
Offenbarung 21,5

Dort werden wir frei sein und sehen,
wir werden sehen und lieben,
wir werden lieben und loben.
Siehe, das wird sein an dem Ziel ohne Ende.
Denn was anderes ist unser Ziel, als zu dem Reich zu gelangen, das kein Ende hat?
Augustin, Der Gottesstaat XXII,30[16]

Unser Leben beginnt mit unserer Empfängnis und Geburt. Und äußerlich, also körperlich gesehen, hat die Lebensreise irgendwann ein Ende, denn eines Tages werden wir sterben. Wir haben schon gesehen, dass auch unser Leben als Christ einen Anfang hat mit der Taufe als Zeichen für die neue Geburt. Und dann machen wir uns auf den Weg als Pilger und Reisende, ein Volk, das gemeinsam unterwegs ist. Was aber ist unser Ziel? Wohin gehen wir?

Die Gebrochenheit der Schöpfung

Unser Schicksal und Ziel, das aller Frauen und Männer, hängt untrennbar zusammen mit dem Drama, das sich in der Schöpfung als ganzer abspielt. Die Bibel sagt, dass das gesamte Universum von Gott geschaffen ist. Irgendwann begann es zu existieren, aber trotz seiner unendlichen Schönheit ist das von Gott geschaffene Universum zutiefst gebrochen. Genau wie wir Menschen zutiefst gebrochen sind. Diese Gebrochenheit durchsetzt alles, was wir tun, so dass Schuld, Versagen und Verletzungen der Menschheit die gesamte Schöpfung durchdringen und sich auf sie auswirken.

Gott liebt seine Schöpfung und er möchte in seiner ganzen Schöp-

16 Eigene Übersetzung.

fung am Werk sein, um dort Erlösung und neues Leben zu bringen, wo etwas zerstört und gebrochen ist. Im Zentrum dieser Erneuerung der Schöpfung steht Jesus, der Sohn Gottes, durch seine Geburt und sein Leben, seinen Tod und seine Auferstehung. In Jesus Christus wird Gott Teil dieser Welt, um von innen heraus in ihr zu wirken und sie zu verändern. Mit Christi Tod am Kreuz beginnt nicht nur für die Menschheit ein Prozess der Heilung und Errettung aus der Zerstörung, sondern auch für die Schöpfung. Alles wird neu. Und eines Tages, so glauben wir, wird es einen neuen Himmel und eine neue Erde geben und wir werden daran teilhaben, denn unser Leben mit Christus geht über den Tod hinaus:

Dann sah ich einen neuen Himmel und eine neue Erde. Denn der vorige Himmel und die vorige Erde waren vergangen, und auch das Meer war nicht mehr da. Ich sah, wie die Stadt Gottes, das neue Jerusalem, von Gott aus dem Himmel herabkam: festlich geschmückt wie eine Braut an ihrem Hochzeitstag. Eine gewaltige Stimme hörte ich vom Thron her rufen: „Hier wird Gott mitten unter den Menschen sein! Er wird bei ihnen wohnen, und sie werden sein Volk sein. Ja, von nun an wird Gott selbst in ihrer Mitte leben. Er wird alle ihre Tränen trocknen, und der Tod wird keine Macht mehr haben. Leid, Klage und Schmerzen wird es nie wieder geben; denn was einmal war, ist für immer vorbei.“
Offenbarung 21,1-4

Bilder für das ewige Leben

In beinahe jeder Kultur haben sich die Menschen nach einem Leben über den Tod hinaus gesehnt. Viele Weltwunder sind genau deshalb gebaut worden: als Versuch, dem Tod zu entrinnen, oder um sich auf das Leben vorzubereiten, das auf ihn folgen könnte. Denn trotz allen Leides und aller Schwierigkeiten hat das Leben so viel Schönes zu bieten, dass wir es nicht gerne loslassen. Im Alten Testament wird an einer Stelle formuliert, dass Gott die Ewigkeit in unser Herz gelegt hat *(Prediger 3,11)*. Es ist ganz natürlich, dass wir uns nach einem Leben nach dem Tod sehnen.

Durch die Auferstehung Jesu wird aus dieser Sehnsucht eine sichere Hoffnung. Jesus ist gestorben und als Erster wieder von den Toten auferstanden. Weil er auferstanden ist, haben wir die Gewissheit, dass seine Verheißung des ewigen Lebens für alle, die es von ihm geschenkt bekommen, eine Realität ist, auf die wir uns verlassen können. Die Macht des Todes über die Menschen ist gebrochen. Wir dürfen Hoffnung haben auf mehr. – Wie aber sieht nun dieses ewige Leben aus?

Die Bibel und viele Christen durch alle Jahrhunderte benutzten, wie bei so vielen Dingen, die unsere Vorstellungskraft übersteigen, Bilder und Gleichnisse, um uns den Himmel zu beschreiben. Ein solches Bild ist der Garten. Ein anderes ist das in der Bibel häufig genutzte Bild vom großen Festmahl (das besonders die mit Trost erfüllt, die gerne essen und trinken). Einen Vorgeschmack auf dieses Festmahl erleben wir im Abendmahlsgottesdienst. Jesus benutzt auch das Bild von einem gastfreundlichen Haus mit vielen Zimmern. In der Offenbarung finden wir, wie oben gesehen, das Bild von der großen Stadt, die vom Himmel herabkommt, mit Gott, der inmitten seiner Menschen wohnt. Im Hebräerbrief ist die Rede vom verheißenen Land und der Sabbatruhe für das wandernde Gottesvolk. Paulus versucht, unseren auferstandenen Leib zu beschreiben, und wählt als Vergleich das Samenkorn: An dem Samen kann man nicht erkennen, wie die Pflanze später aussehen wird. Genauso wenig lassen unsere zerbrechlichen, vorläufigen Körper erahnen, wie der auferstandene Leib sein wird.

Eines aber können wir ganz sicher sagen: Wie auch immer der Himmel aussehen mag, es wird mindestens hundert Mal besser sein als alles, was wir uns vorstellen können. Wir werden hineingenommen in das Leben Gottes. Alles, was auf der Erde gut ist, werden wir im Himmel wiederfinden. All das, was schädlich oder schwierig ist oder was die Erde zerstört, wird es dagegen nicht mehr geben (dazu gehören auch die Anteile in uns, die anderen oder auch uns selbst schaden oder Verletzungen zufügen). Wir werden dort zwar als einzelne Menschen sein, aber gleichzeitig auch Teil der großen Gemeinschaft des gesamten Volkes Gottes. Wir werden wieder vereint sein mit denen, die wir geliebt und durch den Tod verloren haben, und mit den Christen der Vergangenheit, die über unseren Weg gewacht haben. Auf all die Fragen, mit denen wir hier in unserem Leben gerungen haben, bekommen wir eine Antwort. Und wir werden hauptsächlich damit beschäftigt sein, Gott anzubeten und zu verherrlichen und gemeinsam zu feiern.

Jetzt sehen wir nur ein undeutliches Bild wie in einem trüben Spiegel. Einmal aber werden wir Gott von Angesicht zu Angesicht sehen. Jetzt erkenne ich nur Bruchstücke, doch einmal werde ich alles klar erkennen, so deutlich, wie Gott mich jetzt schon kennt.
1. Korinther 13,12

Nicht endlos, sondern ewig

In Christus wird unser Leben in der Tat niemals enden. Aber zu sagen, unser Erbe sei ein Leben ohne Ende, das mit dem Tod beginnt, ist keine ausreichende Beschreibung. Jesus verspricht uns kein endloses Leben, sondern ein ewiges: ein Leben in einer neuen Dimension. Dieses ewige Leben beginnt nicht erst mit dem Tod, sondern mit unserem Glauben an Jesus Christus. Es ist ein Leben in all seiner Fülle *(Johannes 10,10)*, das die guten Dinge der Schöpfung ebenso einschließt wie die Berufung zu einer Nachfolge, die nicht immer leicht ist.

Hoffnung statt Angst

Während einiger Perioden der Geschichte der Kirche ist der christliche Glaube manchmal so gelehrt worden, dass das Bild von Gott und von den letzten Dingen verzerrt wurde und man Angst vor Gott hatte, statt sich darauf zu freuen, ihm von Angesicht zu Angesicht gegenüberzustehen. Das traf immer dann zu, wenn in der Verkündigung das Gericht und die Gefahr eines immerwährendes Schlafes oder, schlimmer noch, einer ewigen Strafe als Folge bestimmter Sünden besonders betont wurden.

Es stimmt schon, wenn Schrift und Kirche lehren, dass es zum Menschsein gehört, die Verantwortung für unser Leben, unsere Entscheidungen, unser Handeln und unser Reden zu übernehmen, und dass wir vor dem Angesicht Gottes Rechenschaft ablegen müssen für unser Leben und was wir daraus gemacht haben. Ein ebenso starkes Element in der christlichen Lehre ist die Entscheidungsfreiheit als wichtiges Merkmal eines menschlichen Lebens: Keiner kann dazu gezwungen werden, das Geschenk Gottes anzunehmen, mit dem er uns Vergebung und ewiges Leben gibt.

Beide Elemente aber müssen vor dem Hintergrund vom Wesen Gottes gesehen werden, wie es sich in Christus gezeigt hat. Er ist ein Gott, der nicht verletzen, sondern heilen möchte. Er möchte nicht niederreißen, sondern aufbauen, nicht strafen, sondern vergeben, nicht zerstören, sondern schaffen, wiederbeleben und neu errichten.

Himmel ist wie nach Hause kommen. Eines der lebendigsten Bilder, das die Bibel uns zu diesem Thema gibt, ist die Geschichte von der Heimkehr des verlorenen Sohnes in Lukas 15. Der jüngere Sohn hat seine Dummheit und seine Übeltaten erkannt. Er hat Angst vor dem Zorn seines Vaters, hofft aber auf dessen Barmherzigkeit, und zählt bei seiner Rückkehr tatsächlich all das auf, was er falsch gemacht hat. Und obwohl dieser Sohn ihn all die Jahre ignoriert hat, wartet der Vater schon auf ihn; er läuft ihm entgegen, um ihn zu begrüßen; er heißt ihn willkommen und schließt ihn in die Arme; er lässt einen Ring für seinen Finger und Schuhe für seine Füße holen und ein Gewand, um ihn zu kleiden. Und er freut sich, dass sein Sohn, „der tot war", in die Familie zurückgefunden hat. Es gibt viele, die genau so zu Gott nach Hause kommen. Und wir dürfen darauf hoffen, dass es auch im Himmel solche Heimkehrer gibt. Dem Gott, der die Welt so sehr liebt, dass er seinen Sohn gegeben hat, um sie zu retten, diesem Gott wird nichts zu viel sein, um seine Liebe denen zu zeigen, die ihrer bedürfen.

Schon jetzt und noch nicht

Wir haben als Christen das Privileg, in dem Zeitalter der menschlichen Geschichte zu leben, das nach dem Tod und der Auferstehung Jesu Christi liegt. Das Werk der Erlösung ist bereits abgeschlossen. Der Tod ist besiegt, das Volk Gottes hat den Heiligen Geist empfangen und die Kirche ist ins Leben gerufen worden. „Schon jetzt" also. Und doch sollen wir im „Noch nicht" leben: Noch ist die Welt, wie wir gesehen haben, zutiefst gebrochen und Sünde und Leid sind Erfahrungen, die auch jeder Christ zu seinem Leben zählt. Die Bibel sagt, dass diese Zeit des „Schon jetzt, aber noch nicht" ganz plötzlich und ohne Vorwarnung zu Ende sein wird, wenn Jesus in seiner Macht und Herrlichkeit wiederkommen wird, um sein Reich zu bringen. Jede Generation von Christen hat mit der Hoffnung und Erwartung gelebt, dass diese Wiederkunft Christi während ihrer eigenen Lebenszeit stattfinden wird. Jesus ermahnt uns, unser ganzes Leben lang auf diesen Augenblick vorbereitet zu sein und die Spannung dieser Bereitschaft Tag für Tag und Jahr für Jahr auch in unserem Alltag aufrechtzuerhalten.

Gestärkt durch die Hoffnung

So sollen wir als Volk von Christen den Weg mit Jesus weitergehen. Manchmal wird diese Reise uns viel Freude bringen. Dann ist es nicht schwierig, begeistert zu sein und Gemeinschaft und Gottesdienst mit anderen Christen zu genießen und zu schätzen. Dann ist es auch nicht schwer, Erfüllung in dem Dienst zu finden, zu dem wir berufen sind. Aber manchmal wird unser Vorwärtskommen auch schwer sein: der Wind bläst uns entgegen und der Weg ist steil. Wir werden müde und möchten am liebsten anhalten oder uns abwenden. Besonders in diesen Zeiten brauchen wir die Hoffnung, zu der wir berufen sind: Durch Jesus Christus ist uns das ewige Leben geschenkt. Wir haben Bürgerrecht im Himmel und sind auf dem Weg nach Hause.

Texte und Gebete

Glücklich, wer zum Hochzeitsfest des Lammes eingeladen ist!
Offenbarung 19,9

Ein Priester begann auf einer Beerdigung mit seiner Predigt: „Ich werde heute über das Gericht predigen." Die Trauergemeinde reagierte bestürzt. Er fuhr fort: „Gericht ist, wenn ich einem barmherzigen und mitfühlenden Gott meine Lebensgeschichte ins Ohr flüstern darf, all das, was ich noch nie jemandem sagen konnte. ... Welch eine Erleichterung wird das sein, vor diesen barmherzigen und mitfühlenden Ohren endlich frei und detailliert erzählen zu können. Genau das hat Gott immer gewollt. Er wartet darauf, dass wir heimkommen zu ihm."
Basil Hume

> Allmächtiger Gott,
> du hast uns auf dich hin geschaffen,
> deshalb sind unsere Herzen voller Unruhe,
> bis sie ihre Ruhe finden in dir:
> Gieße deine Liebe aus in unsere Herzen
> und zieh uns zu dir hin.
> Bringe uns heim in dein himmlisches Reich,
> damit wir dich von Angesicht zu Angesicht sehen;
> durch Jesus Christus, deinen Sohn, unsern Herrn,
> der mit dir lebt und regiert
> mit dem Heiligen Geist,
> ein Gott, jetzt und in Ewigkeit.
> *The Christian Year: Collects and Post Communion Prayers for Sundays and Festivals (Seventeenth Sunday After Trinity)*

Wenn ihr nun mit Christus zu einem neuen Leben auferweckt worden seid, dann richtet euer ganzes Leben nach ihm aus. Seht dahin, wo Christus ist, auf dem Ehrenplatz an Gottes rechter Seite. Richtet eure Gedanken auf Gottes unsichtbare Welt und nicht auf das, was die irdische Welt zu bieten hat. Denn für sie seid ihr gestorben, aber Gott hat euch mit Christus bereits ewiges Leben geschenkt, auch wenn das jetzt noch

verborgen ist. Doch wenn Christus, unser Leben, erscheinen wird, dann wird in Herrlichkeit sichtbar werden, dass ihr mit ihm lebt.
Kolosser 3,1-4

Herr Jesus Christus, schenk deinem Diener Ruhe in der Gemeinschaft der Heiligen: dort, wo weder Leid und Schmerz noch Seufzen sind, sondern ewiges Leben.
Du allein bist unsterblich, du bist der Schöpfer allen Lebens: Wir aber sind sterblich, aus Erde gemacht und zur Erde zurückkehrend.
Denn so hast du es befohlen, als du uns gemacht hast. Du hast gesagt:
Aus dem Staub bist du genommen, zu Staub sollst du werden.
Wir alle werden wieder zu Staub werden;
und während wir am Grab weinen, singen wir unser Lied:
Halleluja, Halleluja, Halleluja.
Russisches Kontakion für die Verstorbenen

Gebet für Trauernde
Herr, der Faden, der unser Leben hält und es vom Tod trennt, ist dünn, und wir wissen, wie schnell er zerreißen kann.
Hilf du uns nicht zu vergessen, dass wir auf beiden Seiten, hier und dort, von deiner Liebe umgeben sind.
Wenn ein geliebter Mensch stirbt, dann gib du unserem Herzen die Gewissheit, dass weder wir noch sie von dir getrennt sind.
In dir können wir Frieden finden und in dir sind wir vereint mit ihnen im Leib Christi, der die Bande des Todes gesprengt hat und auf ewig lebendig ist. Er hat sie und uns erlöst in Ewigkeit.
Dick Williams

Glücklich und weise ist, wer sich bemüht, während des Lebens so zu sein, wie er im Tod angetroffen werden möchte.
Thomas von Kempen

Liebe Brüder und Schwestern, nehmt euch ein Beispiel an mir und an den Menschen, die so leben wie ich. Ich habe es euch schon oft gesagt, und jetzt beschwöre ich euch unter Tränen: Hütet euch vor

allen, die sich Christen nennen, aber durch ihr Leben erkennen lassen, dass sie Feinde des Kreuzes Jesu Christi sind.
Ihr Weg führt unausweichlich ins Verderben. Im Grunde leben sie nur für ihre Triebe und Begierden, und statt sich dafür zu schämen, sind sie auch noch stolz darauf. Sie denken an nichts anderes als an das Leben auf dieser Erde. Wir dagegen haben unsere Heimat im Himmel. Von dort erwarten wir auch Jesus Christus, unseren Retter. Dann wird unser hinfälliger, sterblicher Leib verwandelt und seinem auferstandenen, unvergänglichen Leib gleich werden. Denn Christus hat die Macht, alles seiner Herrschaft zu unterwerfen. Darum, meine lieben Brüder, bleibt fest in euerm Glauben an den Herrn Jesus Christus! Ich habe große Sehnsucht nach euch, denn ihr seid meine ganze Freude, die Krönung meiner Arbeit. Bleibt nur fest in eurem Glauben an den Herrn!
Philipper 3,17 – 4,1

Mein Geist wurde erhoben in den Himmel und ich sah unseren Herrn, wie er als Herr seines eigenen Hauses seine geliebten Freunde und Diener zu einem Festmahl eingeladen hatte. Ich sah, dass der Herr nicht an einem bestimmten Platz sitzen blieb, sondern im Haus umherging und es mit Fröhlichkeit und Freude füllte. Höflich und freundlich begrüßte er seine lieben Freunde persönlich, und aus seinem Gesicht leuchtete die Liebe und erfüllte das Haus wie eine Melodie, die immer weiterklingt. Dieser Blick der Liebe im Gesicht Gottes füllt die Himmel mit seiner Fröhlichkeit und Freude.
Julian of Norwich

Möge die Straße dir entgegeneilen.
Möge der Wind in deinem Rücken sein.
Möge die Sonne warm auf dein Gesicht scheinen.
Möge der Regen sanft auf deine Felder fallen.
Und bis wir uns wiedersehen,
möge Gott dich fest in seiner Hand halten.
Irischer Segen

Anregung zum Ablauf einer täglichen Gebetszeit

Vorbereitung

Am Morgen

Allmächtiger und ewiger Vater,
wir danken dir, dass du uns sicher bis hierher gebracht hast
und wir diesen neuen Tag beginnen können.
Bewahre uns heute vor Sünde und Gefahr;
geh du voran bei allem, was wir tun,
und leite uns, damit wir immer das tun,
was du für richtig hältst,
durch Jesus Christus, unsern Herrn. Amen.
Common Worship

Am Abend

Erhelle unsere Dunkelheit,
Herr, darum bitten wir.
Und bewahre uns in deiner Gnade
und um der Liebe deines einzigen Sohnes,
unseres Erlösers Jesus Christus willen
vor allen Bedrohungen und Gefahren dieser Nacht.
Amen.
Common Worship

Wort Gottes

Ein oder mehrere Texte aus der Bibel.

Reflexion der Texte.

Gebet

Vater unser im Himmel.
Geheiligt werde dein Name.
Dein Reich komme.

Dein Wille geschehe wie im Himmel so auf Erden.
Unser tägliches Brot gib uns heute.
Und vergib uns unsere Schuld,
wie auch wir vergeben unsern Schuldigern.
Und führe uns nicht in Versuchung,
sondern erlöse uns von dem Bösen.
Denn dein ist das Reich und die Kraft
und die Herrlichkeit in Ewigkeit. Amen.

Alternatives Gebet

Gebet der Hingabe
Allmächtiger Gott,
wir danken dir für das Geschenk deines heiligen Wortes.
Möge es eine Leuchte an unserem Fuß sein,
ein Licht auf unseren Wegen,
und uns Kraft geben für unser Leben.
Nimm uns an und brauche uns,
damit wir Liebe geben und anderen dienen
durch die Kraft deines Heiligen Geistes
und im Namen deines Sohnes,
Jesus Christus, unseres Herrn. Amen.
Common Worship

Hilfreiche Bücher für den Weg

Deutschsprachige Literatur zum Thema

Carlo Carretto, Wo der Dornbusch brennt. Geistliche Briefe aus der Wüste, Herder Verlag, 1989.

Stephen Cottrell, Der Petrusweg: Nachfolge heute – vier Wochen im Glauben wachsen, aus dem Englischen von Christiane Vorländer, Neukirchener Verlagsgesellschaft mbH, 2012.

Richard Foster, Nachfolge feiern: Geistliche Übungen neu entdeckt, SCM R. Brockhaus, 2010.

Basil Hume, Gott suchen, Johannes Verlag Einsiedeln, 1986.

Elftraud von Kalkreuth, Liebe ist die Antwort: Gespräche mit der Mystikerin Julian von Norwich, Matthias-Grünewald-Verlag, 2007.

Clive S. Lewis, Dienstanweisung für einen Unterteufel, Herder Spektrum, 21. Aufl. 2012.

Gordon McDonald, Ordne dein Leben: Perspektiven für den Umgang mit dem Leben und der Zeit, Gerth Medien, 2009.

Henry Nouwen, Geistliche Deutung eines Gemäldes von Rembrandt, Verlag Herder, 1991.

John Stott, Der christliche Glaube: Eine Einführung, SCM R. Brockhaus, 2010.

Thérèse von Lisieux, Geschichte einer Seele, Paulinus Verlag, 2009.

Thomas von Kempen, Die Nachfolge Christi, Topos Plus, 2010.

Englischsprachige Literatur zum Thema

Stephen Cottrell, Praying through Life, Church House Publishing, 1998.

Gordon Fee / Douglas Stewart, How to Read the Bible for all its Worth, Scripture Union, 1994.

George Guiver, Everyday God, Triangle, 1994.

Joyce Huggett, Listening to God, Hodder, 1986.

Gerard Hughes, God of Surprises, Darton, Longman & Todd, 1985.

Michael Marshall, Free to Worship, Fount, 1996.

Michael Ramsey, Be Still and Know, Fount, 1982.

Rule for a New Brother, Darton, Longman & Todd, 1973.

W.H.Vanstone, Love's Endeavour, Love's Expense, Darton, Longman & Todd, 1977.

Robert Warren, Living Well, Fount, 1999.

Quellen- und Literaturverzeichnis

William J. Abraham, The Logic of Evangelism, Hodder & Stoughton, 1989.
The Book of Common Prayer, Cambridge University Press.
Dietrich Bonhoeffer, Ethik, S. 84, © 1992, Gütersloher Verlagshaus, Gütersloh, in der Verlagsgruppe Random House GmbH.
Mgr Michael Buckley (Hg.), A Treasury of Catholic Prayer, Kevin Mayhew, 1979.
Anthony P. Castle (Hg.), Quotes and Anecdotes, Kevin Mayhew, 1979.
The Christian Year: Collects and Post Communion Prayers for Sundays and Festivals, Church House Publishing, 1997.
Frank Colquhoun (Hg.), Contemporary Parish Prayers, Hodder & Stoughton, 1975.
Common Worship: Daily Prayer, Church House Publishing, 2002.
Common Worship: Initiation Services, Church House Publishing, 1998.
Common Worship: Services and Prayers for the Church of England, Church House Publishing, 2000.
Lucien Deiss, Biblical Prayers, World Library Publications, 1976.
Lucien Deiss, Come Lord Jesus, World Library Publications, 1976, 1981.
The Epistle to Diognetus, übersetzt von Henry Meecham, Manchester University Press, 1949.
Richard Giles, We Do Not Presume: A Beginners Guide to Anglican Life and Thought, Canterbury Press, 1998.
John Gilling and Sister Patricia (Hg.), When You Pray, Darton, Longman & Todd, 1978.
George Herbert, The Country Parson, The Temple, herausgegeben von John W. Wall, SPCK, 1981.
Basil Hume, To Be a Pilgrim, St Paul's Publications, 1984.
Julian of Norwich, Revelations of Divine Love, übersetzt von Clifton Wolters, Penguin, 1966.
John Keble, The Christian Year, SPCK, 2002.
The Methodist Service Book, Methodist Publishing House, 1975.
Mother Teresa of Calcutta, In the Silence of the Heart, SPCK, 1983.
New Patterns for Worship, Church House Publishing, 2002.
Henri Nouwen, Reaching Out, Doubleday, 1995.

Henri Nouwen, In the Name of Jesus: Reflections on Christian Leadership, Darton, Longman & Todd, 1997.
Elizabeth Ruth Obbard, To Live Is To Pray: An Introduction to Carmelite Spirituality, Canterbury Press, 1997.
Patterns for Worship, Church House Publishing, 1995.
Rule for a New Brother, Darton, Longman & Todd, 1973.
St Cyril of Jerusalem, ‚On the Mysteries', in Maurice Wiles and Mark Santer (Hg.), Documents in Early Christian Thought, Cambridge University Press, 1975.
John Greenleaf Whittier, ‚Dear Lord and Father of Mankind', The Complete Celebration Hymnal, Mayhew McCrimmon, 1984.
Dick Williams (Hg.), More Prayers for Today's Church, Kingsway, 1984.